友愛ブックレット

習近平体制の真相に迫る

東アジア共同体研究所 編

鳩山友紀夫／徐 静波／岡田 充／村田忠禧／高野 孟

花伝社

習近平体制の真相に迫る◆目次

はじめに

高野 孟

「友愛ブックレット」は、東アジア共同体研究所（鳩山友紀夫理事長）が毎週月曜日の夜にニコニコ動画を通じて原則ナマ放送し、またユーチューブでもアーカイブを公開しているトーク番組「ＵＩチャンネル」の中から、テーマに応じて数回分を選んで必要な補正・補足を加えて1冊に編んだもので、本書でシリーズ5冊目となる。

今回は中国の習近平体制をどう捉えるか、それとの関連で日中・米中関係をどう見通すかに焦点を当てて、２０１５年2月から１６年2月にかけて放映した5回分の記録を収録した。やや時間が経っているものもあるが、この番組では、その時々の最新ニュースを話題にしながらも、できるだけ歴史的＝構造的に深く問題を解明しようとする姿勢を重視し、また日本の〝常識〟からの一方的な断定や断罪に陥ることのないようリベラルな視点を維持することを心がけているので、そうした問題を捉える方法論というか、アングルの設定の仕方というところにも着目して読み込んで頂きたいと思う。

中国のみならず、他国との関係を考えたり論じたりする場合には、とりわけ、「相手は世界を、日本をどう見ているか」「相手から見るとこの問題はどう映っているのか」という想像力を働かせることが大切である。そういうことを言うと、すぐに「何だ、お前は向こうの味方をするのか」といった短絡的な反応が返ってきて閉口することが少なくないが、それは余りに偏狭というものである。自分の立場はこうであるけれども、それを闇雲に主張して相手が屈服しなければ納得しないというのでは、問題解決の糸口が見つからないばかりか、そもそも「関係」そのものが成り立たない。それは外交関係ばかりでなく人間関係一般でも同じことではないだろうか。

第1章と第2章では、在日中国人ジャーナリストの徐静波さんをゲストに迎えて、鳩山理事長と私とで「習近平の中国」の内政、外交、経済についてお話を伺った。徐さんは、日本では『中国経済新聞』という月刊の新聞を発行して中国の政治・経済・社会の実状や日中関係、対中進出した日本企業の動向などについてリアルな情報と分析を提供する一方で、『日本新聞網』という中国語のウェブサイトや『静説日本』というラジオ番組を通じて、中国人に向かって日本の最新動向を伝えるという貴重な仕事をしておられる。中国の中央・地方の幹部や経済人・知識人とも太いパイプを持っているので、日本ではなかなか伝えられないディープな情報を与えてくれる貴重な存在として、私は長くお付き合いさせて頂いている。

日本では、特に安倍政権になってから「嫌中ムード」がますます支配的になって、習近平体制が明日にも〝崩壊〟するかの極端な論調で溢れかえっている。この第2章のタイトルは「悪いことはすべて『中国のせい』にしていいのか？」となっているが、これは、はっきり言って、安倍晋三首相自身とそれに追随するばかりの日本のマスコミへの嫌味である。

例えば、今年の年明け早々から日本の株式市場が暴落し、その後も一進一退を繰り返して回復の兆しは見えない。それは、異次元金融緩和によって人工的に株高・円安を演出して景気が上向きに転じたかのような〝幻覚〟を作り出し、その目眩ましが効いている間に何とかして実体経済の活性化のきっかけを掴みたいというアベノミクスのトリックが破綻したこと以外の何も意味していないのだが、そのことを何としても認めたくない安倍は、事もあろうに、中国経済の減速による影響が深刻であると言い募った。5月の伊勢志摩サミットでは、何と「世界経済はリーマンショック級の危機目前」であることを示す偽データを各国首脳に配布し、終了後の会見でも「最大の懸念は、中国など新興国経済に陰りが見えることです。リーマンショックの時に匹敵するレベルで原油などの商品価格が下落し、さらに、投資が落ち込んだことで、新興国や途上国の経済が大きく傷ついている」と強調した。

しかし、考えてみても頂きたい。中国経済の減速というか、過熱を冷ましてバブル崩壊を回避しつつほどほどの成長路線に乗せ替えることは、習近平体制の中心テーマであって、彼が国家主席に就く前から分かっていたことである。それを安倍もマスコミも〝予想外〟の急落があったので日本が迷惑しているかに言い立てる。しかも、減速したとはいえ、中国はなお6・9％台の成長をキープしている。なのに、G7の中でも最下位の0・47％の成長率しか達成できておらず、世界経済の足を引っ張っている張本人である日本が、中国に何か非難がましいことを言えるような立場なのだろうか。こんな珍妙なことが平気で罷り通っているのがこの国である。

第3章では、共同通信客員論説委員の岡田充さんを招いて、今も切迫した情勢が続く南シナ海をめぐる紛争について論じた。岡田さんは香港や台北の支局長を努めた中国問題の第一人者で、現在は主として矢吹晋・横浜市立大学名誉教授が主宰する「21世紀中国総研」のウェブサイト内で、中台関係を中心とする『海峡両岸論』と題した月1～2回更新の論説を精力的に展開している（http://www.21ccs.jp/ryougan_okada/）。

この問題をめぐって岡田さんと私は、中国の立場はこうで、米国の立場はこうであって、真実はその中間辺りにあるという点でほとんど同意見で、論争にならなくて困ってしまうほどだが、その分かえって、高度のプロフェッショナルな情報の摺り合わせができていると思う。本文で私が述べている「南シナ海危機と言われるものの3層構造」（73ページ）というのが、上述の「歴史的＝構造的」な物事の捉え方の1つのサンプルで、複雑なものを、単純化への誘惑を退けながら複雑なままに捉えるのであるけれども、そうかと言って「複雑だ」と言って済ませないで、どうして複雑なのかを少しでも論理的に整理しようという思考が働いているのをご理解頂けるものと思う。

第4章と第5章では、中国現代史研究の泰斗である横浜国立大学名誉教授の村田忠禧さんにお出まし頂き、尖閣紛争の起源についての学術的な研究の到達点や、それを踏まえた今後の日中関係全般の展望について、鳩山理事長とじっくり話し合って頂いた。

村田さんが2013年に上梓されたこの第4章のタイトル通りの『日中領土問題の起源／公文書が語る不都合な真実』と、15年の『史料徹底検証　尖閣領有』（共に花伝社）とは、尖閣諸島が日清戦争以前は中国に属していたことを文献の詳細な研究により論証したもので、それこそ「中国の手先か！」といった嫌中派からの非難囂々が巻き起こったが、彼らの側に村田さんの史料集積と読解を上回る研究によってそれを覆す試みが行われていない以上、村田さんの両書の実績を世界標準と見做さなければならない。もっとも私は、近世以前にまで遡れば尖閣は誰のものでもなかったという説に賛成で、だからこそ詰まらぬ言い争いは止めて日中共同管理にすればいいじゃないかという説なのではあるが。

本書の元となった「UIチャンネル」は2013年6月3日の第1回放送以来、この6月末までの3年間で157回を数えた。大手のテレビが、安倍政権による陰に陽にの圧力もさることながら、それ以上に、局の側の無知無能と余計なトラブルを避けようとする事なかれ主義による〝自主規制〟とが災いして、ほとんどジャーナリズムとしての機能を失いつつある時に、ネットTVという限られた中ではあるけれども、このような密度の高いリベラルな言論空間を地道に確保してきたことは、自画自賛に聞こえるかもしれないが、まことに貴重なことだと思っている。今後とも「UIチャンネル」はじめ東アジア共同体研究所の活動に暖かいご支援を頂くよう心からお願いするものである。

第1章　習近平「腐敗撲滅」大作戦の壮絶な闘い

徐　静波　＋　鳩山友紀夫　＋　高野　孟（U－チャンネル2015年6月8日放送）

まずは党・軍・政府の大掃除から

高野孟 2023年というのは、2013年の第18回党大会で選出された習近平国家主席の体制が終わりを迎える年ですね。[1] その10年間で中国はどこまで行くかを徐さんは近著『2023年の中国』(作品社、2015年)でお書きになった。2023年までの任期10年間、その4分の1がいま終わったところですね。

徐静波 2年半経ちましたね。

高野 それで習近平体制の権力基盤が、どのくらい固まったのかが大きな関心事です。

徐 習近平が2017年までの5年間に何をやるか。中国は改革開放路線を進めてきましたが、そのスピードが早すぎると中国人も認識している。経済は成長してきましたが、社会に問題が出てきました。環境問題など矛盾もたくさん出てきました。

だから中国を一度「大手術」しなければならない。中国では昔から、トップがまず手を着けるのは幹部や国の役人の整理です。だから習近平も、いきなり経済問題に取り組むのではなく、まずは役人の整理整頓、腐敗取り締まりの一大キャンペーンを行ったんですね。

鳩山友紀夫 それは党、軍も含めてですか？

徐 党、軍、政府機関すべてです。日本で言えば、一般の政府の委託団体などまで全て対象にしています。江沢民時代(1993~2003年)から胡錦濤時代(2003~12年)までの20年間、役人がやりたい放題で、党の最高指導部まで腐敗していた。このままいけば共産党が存続できない状態

1 主席の任期は5年2期まで

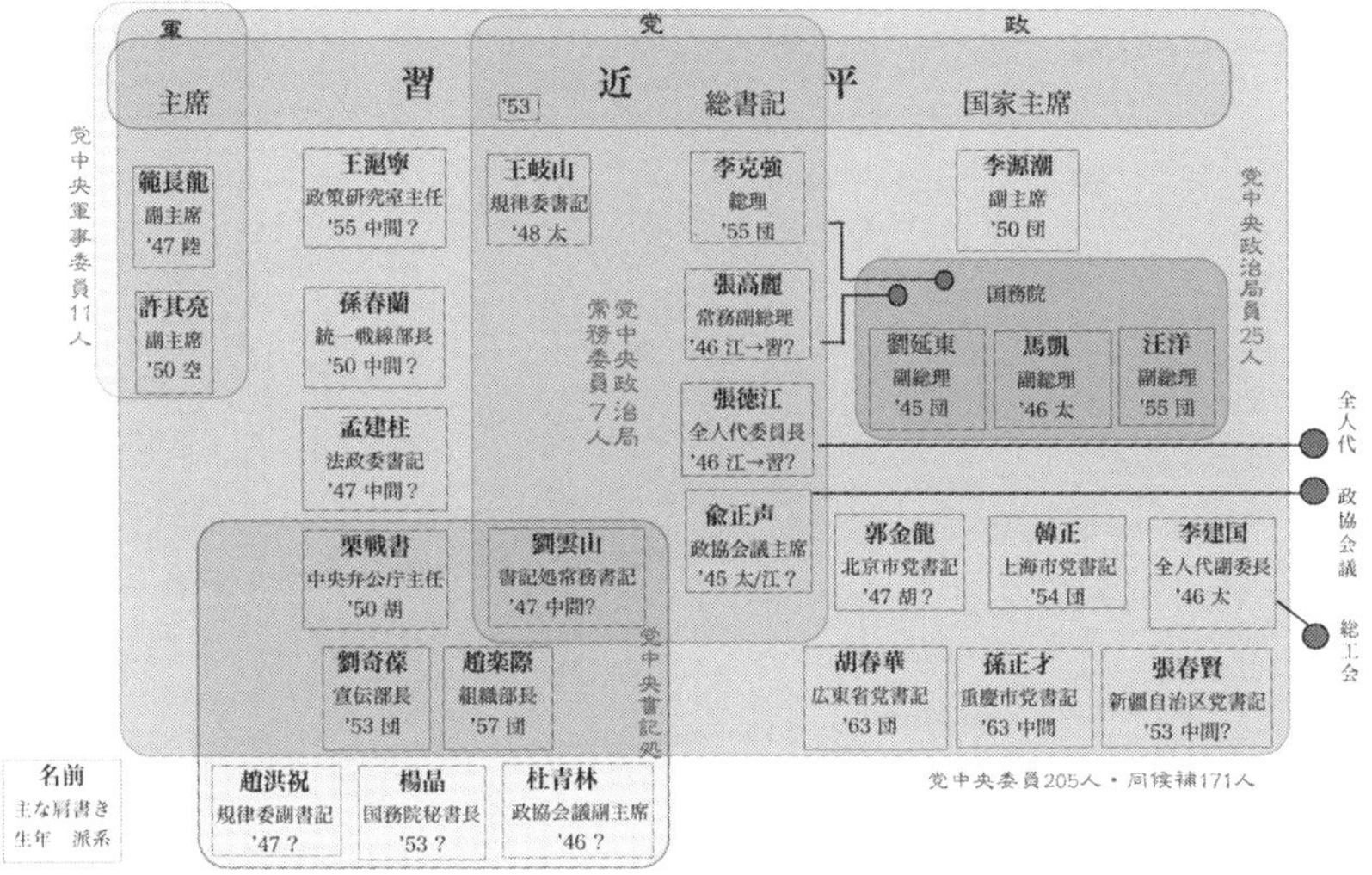

になると習近平は分かっている。だから1期目は整理整頓期間として頑張って、基盤を安定させてから、2018年からはアメリカを超えて世界第1位の経済大国になる基盤をつくる。

高野　2段階論なんですね。そうだとすると、習近平は、経済が大変な時にそれをそっちのけで、汚職追及の権力闘争にのめり込んでいるなどという批判は的外れで、まず腐敗・汚職をなくさないと本格的な経済改革に進めない。

「西南王」薄熙来の逮捕

鳩山　習近平が「虎もハエも叩く」と言ったが、[2]薄熙来が捕まるとは思わなかった。

徐　政治家に野望があるのはいいことですが、薄熙来も彼のボスの周永康もやりすぎだった。日本と

2　2013年に習近平が反汚職キャンペーンで掲げたスローガン。大物幹部も下級官僚も摘発するという意味で、5万人以上が摘発された。

違って、中国は党内で派閥を作ることは許されない。薄熙来は派閥を自分でつくって、派閥を操って自分の利益になることをやろうとした。

薄熙来は大連市長から遼寧省の省長、商務部長、それから重慶市の党書記になった。実際私は、薄熙来と大連市長時代から付き合っていますよ。彼が逮捕される半年前に、私は重慶市に1週間ほど取材に行きました。薄の側近で当時権勢を振るっていた王立軍公安局長にも紹介してもらった。

その時に、「ああ、薄熙来は、重慶じゃなくて、中国内陸部の『王』になっているな」と感じました。「西南王」になっている。重慶市、四川省、雲南省、貴州省からなる西南地域の共産党幹部の中で、彼は唯一の政治局員ですよ。下には普通の中央委員しかいない。重慶では、党書記の薄は党中央政治局員ですが、その下の市長は中央委員にもなっていない、普通の共産党員です。だから言い換えれば、創業者と係員ぐらいの差があるわけです。

高野　薄熙来は、重慶市党委員会書記だった。全国どこも書記が市長よりはるかに偉い存在ですが、それにしても重慶の場合は薄熙来がとんでもなく偉かった。

徐　本当に、国王みたいでした。周りはみんなイエスマンになるしかない。ノーと言えば、次の日には辞めてくださいということになる。

高野　実際、薄は大連市長時代から街を改造したり、労働者の住宅を作ったり、企業を誘致したり、鋭い行政手腕で人気もあったんでしょう？

徐　だから彼は、重慶に行ってからも、3年か5年で早く実績を作って、中央の政治局常務委員になって、さらには国家主席はともかく、せめて首相にはなりたいという野望に燃えていた。

私が重慶に行ったとき、農民たちが都会に住む「農村と町の一体化」が行われていましたが、農民たちが自分の土地を捨てて、農具をエレベーターに乗せて20階の部屋に住むのは、絶対にありえない話です。薄熙来はそういうことをやっている。

高野　派手な人気取り策をどんどん打ち出していく。

徐　団地に取材に行くと、警察が私の傍にずっといる。私の身を護るためじゃなくて、一般の人民たちが私に接触しないような態勢をとっている。私は建ち並ぶビルを見て「これはダメだな」と思いました。重慶市は夏になると、とても暑い。「中国三大火炉」と呼ばれています。しかし隣のビルとは15メートルしか隙間がない。30何階建てのビルだから、隙間15メートルでは風も通らない。何でもいいから早く町をつくっている実績を見せたいというのが、彼のやり方でした。

桁外れの巨額収賄の蔓延

高野　最終的に起訴されたのは日本円で3億7000万円の収賄と言われていますけれど、不正蓄財の総額は7200億円とも報じられた。今回大トラで逮捕された人はみんなすごいですよね。

徐　日本はなかなかありえないような金額です。

高野　彼の親分の周永康も、2兆2000億円の不正蓄財と言われた。

徐　息子や、自分の若いテレビアナウンサーの妻（賈暁燁）を使って、お金を集めている。

高野　薄熙来は、党大会の1年ぐらい前までは飛ぶ鳥を落とす勢いで、2013年の党大会では政治局常務委員、トップ7に入るだろうと言われていたし、本人もそのつもりだった。そのステップにするために、王立軍公安局長を使って汚職追放キャンペーンを徹底的に行なった。

徐　汚職だけじゃなくて、自分の反対者を全部逮捕するという。街の浄化作戦です。政治浄化作戦。

高野　「汚職だ！」と言って財産を取り上げ、それを蓄財に回すようなやり方をしていた。ところが王立軍がどんどん摘発を進めていくと、何と薄熙来ファミリーの大がかりな不正に行き当たってしまった。薄は当然、それを握りつぶそうとする。王さんは命の危険を感じて、アメリカ領事館に逃げ込んでしまった。[3] アメリカは亡命を認めず、党中央がその身柄を引き取って北京に連れて行って事情聴取した。これで薄熙来の不正が一気に表面化したんですね。

徐　２０１２年の全人代（全国人民代表大会）を私も取材しました。王立軍が逮捕されて、薄熙来がどうなるかというものすごい微妙なときに、親分の周永康は重慶市から来た全人代代表団の部屋を訪ねて薄熙来をサポートした。「あの人は潔白である」とハッキリ言ったんですね。

温家宝総理の記者会見では、我々マスコミは事前の裏からの指示で、薄熙来の件については絶対に質問するなと言われていましたが、欧米の記者の質問に答えて、温家宝が薄熙来や重慶市について言及した。

一番驚いたのは「文化大革命がもう一度来てもおかしくない」と温家宝が言ったことです。文化大革命がもう一度来るというのは、共産党内に敵がいる、1人だけじゃなくて反革命の集団がいるという意味ですよ。驚きました。その記者会見の翌日に薄熙来は逮捕された。

3　２０１２年2月6日、王立軍が四川省成都のアメリカ総領事館に駆け込んだが、亡命は拒否され懲役15年に処された。

高野　王立軍がアメリカ領事館に飛び込んだのは、全人代の1カ月前の２０１２年2月。疑惑が噂になっている中で、それでも薄熙来は全人代に堂々と出席して自らも会見に応じた。

徐　あの記者会見は、マスコミは十数社に限定され、日本のマスコミは2社しか入れなかった。私も日本のマスコミになるから外されて入れなかったのですが、薄熙来は「私も、私の息子も潔白だ」と一生懸命弁解して、全ての責任が王立軍にあると言った。

将官ポストも金次第という軍の腐敗

高野　その薄熙来が大トラの筆頭で、他にも順不同であげますけれど、徐才厚・党軍事委員会副主席、もう一人の副主席である郭伯雄、これは両方とも逮捕されました。2人とも江沢民前主席のバックアップでこの地位に留まり続け、江が主席を退いた後もこの2人を通じて政権に睨みを利かせていた。驚きましたけれど、徐才厚は軍の階級を売買して、５００件、総額１８００億円を収賄したと。将官や大将になるには、１人5億４０００万円の相場だと（笑）。

徐　中国には中央軍事委員会がありますが、主席はあくまで国家主席が兼任する形になっています。しかし直下に2人の副主席がいて、全てのことは2人が決める体制になっています。だから、徐さんが5億もらったら、郭さんも5億もらっている。

鳩山　そんな賄賂を払える金持ちが軍にたくさんいるのですか？

徐　相場がありまして、将軍の下の連隊長とか軍団長とかも、みんな賄賂で決めている。だから、下から贈られた金を束ねて上に贈って自分の出世を図る。軍人としての才能は全く評価されず、金さえあれば将軍になれる。

徐才厚はもらった賄賂を全部自分の地下室の中に入れていました。金がたくさんあって包みを開封していなかった。四川省軍区の副司令官がなぜ逮捕されたかというと、徐才厚の家に、彼が寄付した500万元（約1億円）が、自分の経歴を中に包んだまま置いてあった（笑）。

高野　動かぬ証拠があった。副司令官になるには1億円が相場で、そういう金が何人もから司令官に集まる。司令官はそれを元に3億円か5億円を自分のために賄賂を贈るというシステムですね。

鳩山　だから副主席の地下室には使えないような額の金が溢れることになる。

高野　もっと桁が大きいのは、石油閥と言われた周永康です。政法部門と言って、いわば情報・治安・武装警察・司法を全部一括して握るような立場ですね。元々は中国最大の国有石油ガス事業の社長。閣僚や四川省の党委員会書記も務めたことがある。政治局常務委員ですから、前政権ではトップ9の一員[4]だった。

未然に防がれた反習近平クーデター

徐　毛沢東と鄧小平の時代は、一党独裁じゃなく、強いリーダーシップを持った指導者がいる一人独裁。中国で「巨人政治」と呼ばれる時代ですね。江沢民が主席になってから、集団体制が取られた。指示を聞く人もいれば、結果的に聞かない人もいます。

4　政治局常務委員は、習近平体制になってから9人から7人に減員された。周永康は温家宝政権下第17期常務委員に選出され、中央政法委員会書記に就任した。

中央委員会、常務委員会の中に、当時は9人でいろんな分野の仕事を担当していた。国務院の総理や副総理、日本で言えば衆参両院の議長に当たる全人代委員長と政治協商会議主席とかになり、他にも経済担当、司法担当といろんな担当に分けて、その中で周永康は「政法担当」という泣く子も黙るポジションでした。

彼が出世した石油会社は、中国で一番金持ちの企業です。部下は全部自分の奴隷です。仲間の中の1人に令計画がいました。彼は胡錦濤が共青団のトップだった時から秘書で、胡が党総書記になってからも秘書長。その後、党中央弁公庁主任、中央書記処書記と、ずっと党実務の中枢を任されてきた胡の右腕ですが、周の仲間になった。

令計画の長男は、フェラーリで暴走して事故死しましたが、同乗していた2人の女性に賠償金をどうやって払うかというと……。

高野　半ば裸のような姿で2人の女性をフェラーリに乗せて北京市内を暴走して高架橋にぶつかって、本人はほとんど即死。

徐　1人2000万元と言われていますけれど、2人合わせて8億円ぐらいの賠償金を払って遺族を黙らせ、事件をもみ消そうとした。一般に中国人が交通事故で死亡すると60万元くらいしか支払わない。2000万元という桁違いのお金も、全部周永康の指示で石油会社が出した。

党中枢の会話まで盗聴

徐　とにかく周永康が司法を担当していると、習近平・胡錦濤でさえも間違いを指摘できない。周永康は武器を買って、司法警察をさらに軍事化したり、従わない人を殺したり、やりたい放題で、年間の治安費が相当な額になった。

高野　軍事費より多いんですよね。巨大な治安権力を握ってしまった周永康が、江沢民の支えになっていた。結局薄熙来と２人の軍事委員会副主席、周永康、令計画まで逮捕された。

要するにひとつの陰謀グループのようになって、「習近平が汚職摘発で攻めてくると自分らの身も危ない。常務委員だからと安心していられない」と不安になってきて、あわよくば習近平を失脚させて薄熙来をトップにして地位と権益を守るというクーデターまがいのことまで考えて動いていた。そのために彼らは、周の権限を利用して中央政府幹部同士のホットライン「赤電話」の盗聴までして指導部内の動きを逐一監視し、薄熙来も王立軍を通じてその内部情報を入手していた。それが薄の罪状のひとつですね。

徐　周永康の罪では重大な国家秘密を漏らしたというのが第一の罪になっている。

２０１４年、北朝鮮でナンバーツーだった張成沢が殺される前に北京を訪問している。張は、いつか金正恩を排除したい、マカオにいる兄の金正男を最高指導者にしたいという計画を胡錦濤に話した。胡錦濤はその時、相槌を打っただけで何の言質も与えなかった。

ところが周永康は習近平・胡錦濤・温家宝の携帯番号まですべて盗聴していたので、会談に参加していない周永康の耳にもその情報が入った。その後、朝鮮戦争休戦60周年に合わせて、中国政府の代表団長として訪朝した周は、その情報を直接金正恩に漏らしてしまった。それでその3日後に張成沢は殺された。……あくまで噂ですけれども、そういう重大な国家秘密が漏れた可能性がある。

習近平は、集団体制を維持しながらリーダーシップを発揮しなければならないと分かっている。中国がこれから大統領制になるかならないかは別の問題ですけれど、自分は最高指導者として政治局を全部コントロールしなければいけないと考えているのは確かです。中国も巨人政治体制に戻ったなという印象があります。

高野　王立軍の領事館駆け込み事件があったおかげで謀反を未然に防ぐことができたものの、逆に習近平が被告人として裁判にかけられていた可能性は十分ある。まさに食うか食われるかの勝負だった。習近平は途中でボディガードを変えたそうですよ。そういう瀬戸際を切り抜けるには「巨人政治」しかないのかもしれない。

したたかな習近平の強い性格

徐　胡錦濤は温厚でとてもよい人柄です。問題があることは彼も分かっているが、彼の能力では解決できない。温家宝も自分にそういう能力がないと分かっているから、自分の後継者としては習近平が一番よいと思いついた。

なぜなら習近平は軍にも関係があるし、司法の経験もありますし、お父さん（習仲勲）が昔の副総理だったので、二世政治家の中でも人気がある。習近平の一番の強みは、彼はなかなか口を出さないけれども、決めたことはきちんとやるという強い性格だと思います。中国が大変な局面になっているので、政治家は自分の身の安全や名誉だけじゃなく、国の立場を考えて勇気を出していかなければならない。自分の身を管理しながら、習近平は本当に一生懸命「大手術」を進めているのだと私は思っています。

鳩山　私は、習近平主席とも5回ほどお会いしています。トップとしてふさわしい威厳を会うたびに増していったという印象です。今の徐さんのお話では、最初からそういう人格を持っておられたということですよね。

最初は来日時にお会いしたのですが、当時私は総理だったので小沢さんと一緒に、天皇陛下に習近平主席と会っていただいた。相当宮内庁には反対されて、嫌味なんかを言われながら、日本のメディアには叩かれましたけれど、やってよかったと思っています。

徐　彼は15歳のとき、中国内陸部の村に「下放」されて河北省の村にいましたね。

高野　文革の時に、若い人はみな農村に送られて苦労させられた。

徐　彼はお父さんもお母さんも逮捕されて、農村に行くしかなくなった。お母さんは延安大学工学部の先生をしていましたが、その延安からその村へ行くには今でも車で5時間かかる。

高野　そんなに田舎へ。

徐　当時は馬車で2日かかりました。その頃は300人ぐらいの集落でした。

鳩山　小さな村ですね。

徐　そこで15歳から21歳までの7年間、一農民として一生懸命働いた。肉は年に一回しか食べられない。他はトウモロコシだけを食べていた。彼の身体は今でもものすごく丈夫ですが、雑穀がよかったのかもしれない（笑）。

鳩山　それで健康になったのかもしれない。

徐　手も厚いしね。握手した時にそう感じました。

鳩山　あったかい。

徐　労働者の手ですよ。今は変わりましたけれどね。大きい手です。

「棺桶を100個用意して……」

高野　徐さんが『2023年の中国』で書いているように、死ぬか生きるか、殺すか殺されるかというところを短期間に潜り抜けたわけですが、一方では党内からもやりすぎだという声が上がっている。ところが2010年6月の政治局会議で習近平はこう宣言している。「反腐敗には、どれまで捕まえるかなどというノルマはない。周囲に気を配りながら事にあたらなければならないなどと脅す者がいるが、誰を恐れているのか！　朱鎔基はこう言った。『棺桶を100個用意して、99個は腐敗分子にくれてやり、最後のひとつは自分に残す』。今、われわれには、この勇気が必要なのだ」。

この2年半で、まだ落ち着いたことは言えませんし、これからもいろんなことがあるでしょう。例えばアメリカから習近平のスキャンダル[5]が出るかもしれない。汚職取り締まり責任者の王岐山党規律委員会書記のスキャンダル[6]なんかも、私は江沢民派の裏からの画策かなと思います。

それにしても「クーデター未遂」と言ってよいほどの利権集団の反撃がある中を、この短期間に、殺される覚悟で真ん中を突っ切って一番の危機を乗り切ってしまう、これはすごいなと。

5　2012年6月29日、ブルームバーグ社が習近平の親族が約300億円の資産を有していると報道。
6　米国に亡命した実業家の郭文貴が、王岐山も以前汚職に関与していたと示唆した。

鳩山　突っ切って乗り切ったと言えるんですか？　まだ分からないでしょう。これから先、殺されるような危険性だってまだあると言えるのではないか。

高野　まだあると思います。

徐　中国では「胡錦濤主席は過去10年間、敵の心臓部で仕事をしている」と言われてきました。周りを悪い人間で囲まれたという意味です。習近平は自分の身を捨てても構わないという意志を持って、悪人を逮捕しました。歴代一番の愛国者として一生懸命にやっている。

鳩山　覚悟を持っているんだね。

徐　これはラストチャンスだ、今回失敗したら中国はもたない、という覚悟を彼は持っています。中国では、周永康も薄熙来も同じですが、中国では1人が逮捕されたら1000人の逮捕者が出ます。特に周永康の仲間は、浙江省を中心に逮捕されるでしょう。

高野　周が四川省時代に築いた悪事集団だけで500人以上が逮捕されました。さらに親族や最近の側近たちは300人。

徐　軍にも警察にも、仲間はたくさんいますから、あなたが死ぬか私が死ぬかという危機が迫っている中で、習近平に手を出したい人もいるよ。暗殺の噂は何回もありますし、彼の周りの警備も強化しています。中国国民としてどうしても習近平を守りたいですし、一生懸命頑張ってほしいです。

「習大大」と呼ばれて高い支持率

鳩山　習近平主席の支持率は高いんでしょう？

徐　中国では支持率調査はありませんが、私は感覚として80％ぐらいの支持率があると思います。

高野　みんなそう言いますよ。

徐　国民は共産党政権、地方政権に不満があります。13億人もいるから、みんないろんな考え方がある。しかし、習近平個人についてあまり文句を言わない。国のために、国民のために一生懸命やっている姿を、本当に中国国民としても感動しています。

高野　加藤嘉一さんというチャイナ・ウォッチャーがいて、ダイヤモンド・オンラインで「中国民主化研究」という連載をやっている。ある回[7]で、二階俊博自民党総務会長が日本から3000人の訪問団を連れて行って、そこで習近平が演説をした。その印象について「習主席の対日政策は〝親日的〟に映る。実際にそうかもしれない。しかし、仮にそのようなレッテルを誰かに貼られたとしても、そんな雑音を平然と無視し、跳ね返すだけの権力基盤がいまの習主席にはある」と分析していて、これは面白いと思う。それだけの権力基盤ができているということです。加藤さんがその後に、中国の一般大衆の間にも「習大大（習おじさん）」というニックネームがごく普通に使われているほどの圧倒的な支持で、しかも知識人とかではなくて、一般の人たちがそういう言い方をする、と書いている。ほめ過ぎかなと思いますけれど、そのくらいの支持がある。

7　加藤嘉一「習近平が3000人訪中団を熱烈歓迎した現実が意味すること」『「中国民主化研究」揺れる巨人は何処へ』第52回（2015年5月26日）http://diamond.jp/articles/-/72094

戸籍・年金制度改革の悩みは深い

鳩山　中国国民の7割は農民ですから、農民がほとんど支持しているんですよね。一方で、農民と都市の住民との格差はますます開いていくような状況です。それでも8割の人が期待を寄せるのは、戸籍制度も含めて、習近平の新政策に対する期待感を農民の人が持っているということですか？

徐　習近平政権には大きな目標が2つあります。ひとつは、いまの人治国家を法治国家に移すこと。もうひとつは、国民間の格差をできる限り縮小して、平等社会をつくることです。

私はいつも言っていますが、中国には2つの国が存在している。上海などの沿海部は、本当にヨーロッパのようですね。ところが内陸部はアフリカ、縄文時代みたいな生活をしている。上海から内陸部へ車で行けば、平成時代、昭和時代、大正時代、明治時代、それから明治時代以前の生活を自分の目で確認できる。中国共産党政権ができてからではなくて、昔からそういう格差がある。

日本は島国で真ん中は山だから、みんな沿海部で生活していますけれど、中国には地理的な問題がある。中国は、西のチベットは海抜5000メートル、東の上海は海抜ゼロで傾斜のある国になっています。川は、揚子江も長江も西から東に流れている。だから物流がなかなか内陸部に届かない。

沿海部の人は貿易をやって、外国とやりとりして豊かにすごせるけれど、内陸部は山また山で、言葉も全然違うし、一日歩いてやっと他の集落に行けるという生活です。これを解決するのは難しい。

2013年には習近平政権の画期的な改革として、毛沢東時代から行われてきた農民戸籍と市民戸籍の区別を廃止し、平等にしてみんな市民戸籍にした。

鳩山　農民戸籍と市民戸籍の違いは、年金も含めて、どこにあったんですか？

徐　簡単に言うと、農民の人は年金がないから、老後のためにたくさん子どもをつくりたい。しかし、都会では死ぬまで給料はそのままもらえる。昔、中国には年金制度がありませんでしたが、国営企業の社員や地方公務員は退職金はないけれども給料はそのままもらえました。ところが、年々給料は上がっていくし、国営企業がどんどん民営企業になって、そういう制度を維持できなくなってきたので、10年前に初めて年金制度を導入しました。

農民たちは年金がないから国家として年金を支給している。沿海部と内陸部は違いますけれど、国家年金は１２０元、日本円にして３０００円ぐらい。農村部のおじいちゃんおばあちゃんは今まで年金を払った記録は全くないけれど、苦労した国民に国として何かしなくてはならないと、年金制度をつくった。これは結構大変な負担ですよ。

高野　大変だね、人数が多いんだもん。

徐　市民と農村の年金額を統一すれば、国は負担できない。中国も日本と同じ少子高齢社会で、ひとりっ子の上には６人（両親、２組の祖父母）がいるので、世帯単位で面倒をみるのは無理です。若者は農村を離れて大都会へ行くか、外国へ出て行くので、お父さんお母さんの面倒をみるチャンスさえない。だから国家として、これから年金制度をいかにうまく組み立てていくか、老人施設をつくっていくかは大きな課題になっています。それも習近平主席の大きな悩みです。

高野　そういう意味で、戸籍制度を統一するというのは第一歩なのですね。

農村の土地制度改革も大問題

徐　農民たちが持っている土地をどうすべきかも問題です。街の土地は、例えば1平米が１０００万元など非常に高い。農村では1平米10元にしかならず、値段がつかないことも多い。不満を持って、農民たちの暴動が時々起こる。そういう土地問題も解決しなきゃいけない。

鳩山　土地を半私有制にしたのも、すごい大きな改革ですよね。

徐　ゆくゆくは、国民の財産を守るために、国として土地を私有制にしなければいけない。ただこの問題はものすごく複雑なので、段々に解決していく必要がある。

いま、リコノミクス[8]の大きなビジョンとして、農村と町の一体化と農村の都市化が掲げられている。農民たちが町で生活をして、ばらばらに持っている土地を統一して農場をつくる。それを農場、または農業会社に貸す。農民たちは農業会社に就職する、あるいは出稼ぎする、あるいは創業すると。いまテストをやっていますが、1畝《ムー》６６０平米の土地で年間1万５０００円ぐらいのお金を貰える。農業会社の社員になったら、少なくとも3万、４万円ぐらいの月給をもらえる。

鳩山　そのうち日本のシステムを超えるかもしれない。

徐　そうですよ。現在7億人いる農民がだんだんに、市民になって、サラリーマンになって、農業労働者2億人と産業労働者5億人に分化する。

鳩山　土地が完全私有制じゃないだけにそれができやすいのかもしれませんね。

8　李克強首相が進める経済政策の通称。景気刺激をせず、過度の投資経済から脱却することで中長期的な軟着陸を目指す。

高野　反対に、地方政府が乱脈に開発計画を立てて農民の土地を強制収用するとか、強制移住させるとかいう弊害がある。土地がパブリックなものだから、うるさい黙れ、お上のためだぞ、という理論が通用していた。

徐　いままではわりあいそうやっていますけれども、それも通用しなくなってくる。

高野　それを禁止しようという動きも出ているようですね。

人治社会から法治社会への脱皮

高野　徐さんの本を読んで面白いなと思ったのは、法治国家論。中央政府もまだまだ法治国家とは言えないけれども、地方はもっと法治主義からかけ離れていて、旧態依然の人治主義がはびこっている。地方で村ごと土地を召し上げられたとかで裁判に訴えても、全然相手にしてくれないというのが不満の元で、暴動が起きたりする。その原因は司法が独立していなくて、地方の党委員会や自治体が裁判所と一体というか、裁判所が党・行政の下に従属しているという問題がある。それを分離する制度改革を始めようとしている。

徐　習近平がいまやっている腐敗の取締キャンペーンは、あくまで中国の社会のルールをつくりたいんです。役人として、これができる、これができないと自分で覚えるようなルールをつくるのが一歩ですね。２年半やってきて、役人が政府のお金で夜に食事をしたり、タバコを買ったりしてはいけないんだということが、初めて分かってきた。

公費で日本に来ることもいけない。半世紀以上共産党政権が続いてきましたけれど、それが初めて分かった。日本では当たり前のことですけれど。これを土台に、役人はこうしなければならない、国民はこうしなきゃいけないというルールを作って、人治社会から法治社会に移行しなければならない。

鳩山　私が北京を訪れるときに、昔はパトカーが先導するようなことがしばしばあったんですが、そういうこともやめる動きが出てきた。それも、ひとつの改革ですよね。私は、習近平主席は覚悟を持って非常によいことをやっておられるし、それが好評を得ているけれども、一部の集団から命を狙われることがないよう、命だけはしっかり守ってもらうシステムをとってもらいたいと思います。

そして土地や年金の話もそうだし、経済対策も含めて、多くの国民が喜ぶけれども、当然喜ばない人もいる。逆に、既得権益を手放さなくてはいけない集団も出てくる。その人たちの怒りが、政府の転覆に繋がらないように、くれぐれも習近平主席を守ってもらわないといけないという気がしています。

今後の日中関係が抱える矛盾

鳩山　最後に、外交問題について伺います。２０１４年の北京ＡＰＥＣ首脳会談で、だいぶ安倍政権と習近平政権の関係改善は前進したと思うのですが、どうもまだ本質的な解決に至っていない。当然東シナ海、尖閣諸島の問題、あるいは南シナ海のベトナムとフィリピンとの間の問題がぎくしゃくしていて、Ｇ７でも安倍総理がいろいろ発言しました。[9] 習近平主席は日中関係の問題をどうやって乗

9　「東シナ海や南シナ海で緊張を高める動きがあることについて、一方的な現状変更の試みは放置してはならない」（朝日新聞、２０１５年６月８日）

り越えようと考えているのか、基本的なスタンスを教えていただけませんか？

徐　私は日本の外交は結構矛盾があると思います。政治・安保はアメリカの機嫌を伺い、経済は中国に頼ろうとしているという矛盾です。

中国と、政治・安保の面では衝突がある。「戦略的互恵関係」について、日本は経済に協力体制をつくりたい。中国は安全保障を重視している。いま日本は南シナ海の問題にも介入していますが、尖閣問題でも、あくまで日本の矛盾の外交方針の中で問題が生じている。

もし安倍政権に「中国は大事な隣国。これから全面的に付き合わなくてはならない」というビジョンがあれば、アメリカと安保を交わして中国を敵国に回し、経済は中国とうまくやりたいという矛盾は絶対にありえないと思います。習近平は親日派で、鳩山政権の時に天皇陛下にも会った。日本にたいして、あんまり悪いイメージは持っていない。細かいことは気にしない、大きな戦略家です。

３０００人の日本の訪問団の前に突然出てきてスピーチをする前に、二階俊博総務会長や自民党の関係者と2時間ぐらい話をした。日本でも報道されましたが、安倍政権に対して歴史問題の解決を要望した。もうひとつ、日中両国は対立から全面協力体制へ移行しましょうという考えを伝えました。

二階さんは安倍首相に自分の感じたことを全部報告したと思いますけれども、安倍総理がどう反応するかが問題です。中国といかに協力体制をつくるか、対立体制をつくるかというのは、ただ親書一枚では済まない大きな問題です。

南シナ海で領土主権を主張している国は、中国だけじゃなくて、フィリピン、ベトナム、マレーシアもあって複雑になっている。南沙諸島はもともと小さな岩礁ですけれど、中国は島として守るために埋め立て工事をした。実際日本も沖ノ鳥島でやっていますけれど……。

この島が中国の島か、もしくはみんなの島か、日本の立場をはっきりしないほうが良いと思います。中国の島として認めない場合でも、中国を一方的に批判するんじゃなくて、あまり近所に大きいプレッシャーをかけないように、友達としてアドバイスするだけで十分だと思います。例えばG７として中国を批判すれば、それで習近平が一生懸命努力した部分が全部パーになってしまう。

鳩山　日本のメディアは、中国が南沙諸島を拡大して、軍事力の強化に使うとばかり取り上げて、その前にフィリピン、ベトナムがより多くの島を実効支配しているという事実は言わない。一方的に中国が拡大しているかのように、メディアは映す。日本のメディアは正確に伝えないから、多くの国民は誤解している。そこの誤解を解くように努力しなきゃいけない。

高野　そうですね。南シナ海の問題も歴史的に遡ってみなきゃいけない。それにしても中国のやり方は派手で、大きな建物を建てて、[10]飛行場を作って、もう少し静かにできないのかとは思いますが。中国も近隣に大きなプレッシャーをかけて問題の解決を難しくしているという一面もある。

習近平など共産党トップの「断固やるべし」という意志がないと中国は動かないのかもしれませんが、僕は一面、軍をコントロールできていないんじゃないかという気がします。

徐　いまの習近平体制では、その可能性は全くないと思います。南シナ海の埋め立ては非常に大きなプロジェクトですが、軍事委員会主席がサインしないと進行できない。全国から動員しないと機械も

10　フェイアリー・グロス礁には34メートル級滑走路、ジョンソン南礁には６階建てビル、ヒューズ礁には９階建てビルを建設した。

準備できない。外交面、軍事面を熟慮した上でゴーサインが出た。

中国が南シナ海を自分でコントロールしたいかどうかですが、いまベトナムとフィリピンが実効支配している島を自分のものにするという戦略はとっていないと思います。そのためには戦争しないといけないから。一方で、自分の手に入ったものをうまく料理したいという気持ちはある。

東アジア共同体をめざして

徐　習近平はＡＩＩＢ（アジアインフラ投資銀行）も作って、ＡＳＥＡＮと仲良くしたい。まさに２００９年に鳩山先生が提唱した「東アジア共同体構想」を、彼は一生懸命実現させようとしています。

鳩山　「運命共同体」とさかんにおっしゃっていますね。

徐　そうですね。鳩山先生と習近平の考え方は一緒だと思います。

鳩山　非常に共通するところがあって、感銘を受けている。習近平主席は、そういう言葉をそのまま実行する力を持っておられるからね。私にはその点が足りなかったのですが。

高野　やっぱり棺桶ぐらいは用意しなきゃいけなかった。

鳩山　私もさっき、話を聞きながら感じたのですよ。「官から民へ」と、官僚主導から政治主導と言って、官僚の天下りを徹底的になくすんだと言いながら、自分の棺桶を用意していなかった。政治的に殺されるのは怖くないと思っていたんだけれども、実際にはそこまでの迫力を持っていなかった。

高野　あのころ小沢一郎さんの決め台詞だったけれど「明治以来１００年の官僚主導体制をひっくり返す」と、こういう革命をやろうとしたわけですから、それは鳩山さんをはじめ先頭に立った人は死屍累々、政治的な意味で棺桶に担ぎ込まれる。実際、1年も経たないうちに運び込まれてしまったんだけれども、そうなって当たり前のところをどう突破していくかという革命的な気概が民主党全体としてどうだったのかなと。例えば辺野古の問題ひとつとっても、政権をあげて、党をあげて、鳩山さんを支えて突っ切るんだという力を全然感じなかった。

徐　私は、鳩山政権にものすごく期待した。私は日中米三角均等関係が一番正しいと思っています。日本はアメリカと関係を維持しながら、アジアの国としてどういう風に中国と協力体制をつくるか考えなければならない。しかしいま安倍政権は、アメリカだけを見据えて、近所の国、ロシア、韓国、中国、北朝鮮と全部喧嘩をしてしまっている。

鳩山　どの国からも信頼されなくなって、尊敬されなくなってきている。日本はアメリカと仲が良いように見せているけれども、それは安倍さんの一方的な思いであって、アメリカからも決して尊敬される日本にはなっていない。

高野　ありがた迷惑な存在みたいなもの。

徐　アメリカの属国のようになって、何でもハイハイと答えるしかない。日本の次期、あるいはその次の総理大臣が本当に日本を普通の国にしたいならば、どうやってアメリカ追随から脱却するかが一番大きな課題です。

鳩山　それが私が学んだ一番の教訓で、後の総理にはそれを実現してほしいと強く望みます。

第2章　悪いことはすべて「中国のせい」にしていいのか？

徐　静波＋鳩山友紀夫＋高野　孟（UIチャンネル　2016年2月15日放送）

日中間の心のふれあいを求めて

高野　徐さんは、日本と中国の間を半々くらいに行き来して、日本では「中国経済新聞」という日本語の新聞を発行して中国の経済や社会の事情を日本に紹介する一方で、「日本新聞網」という中国語のサイトを通じて日本の事情を中国人に伝えたり、両国企業のマッチングの手助けをしたりする、貴重な仕事を続けられています。それでまた新しい日本紹介の本を中国でお出しになりました。

徐　鳩山先生に推薦文を書いていただきまして、出版されてから3カ月で、中国で既に3万部売れました。話題になっています。

高野　タイトルは『静観日本』（華文出版社）ですね。

徐　私の名前にも「静」という漢字が入っていますが、同時に「冷静に日本のことを見よう」というメッセージを込めました。

高野　徐さんはこのタイトルのように、非常に冷静な目で、日本のこともよく知ってらっしゃる。何かというと日本も中国もヒートアップしてしまうし、偏見も、ヘイトスピーチもお互いある中で、もっと落ち着いて静かに見ようよ、という趣旨で活躍してらっしゃる。

徐　本の中で大分県の温泉地の観光について書いたけれども、中国人はあまり大分県へ行かない。

高野　福岡まで来る中国人は多いんですが。大分県は割に韓国人が多くて、別府の温泉に泊まってゴルフをしたりしている。20年ほど前に、橋本龍太郎首相が金泳三大統領を別府の「杉の井ホテル」に迎えて首脳会談を開いたことで韓国人に別府が知られるようになった。

鳩山　立命館アジア太平洋大学も別府にある。最近、九州とアジアの交流が深まっていますね。

高野　北海道には中国人観光客が多い。とくに台湾、香港はじめ南の方の人には雪景色が珍しくて人気があるようです。ところで、日本にやって来る中国人がどんどん増えて、「爆買い」ぶりが話題になりますが、あの人たちは中国の富裕層なんですかね。どういう人たちが来ているんですか？

徐　公務員は出国に制限があって、日本で言うと課長クラスの幹部でも2年に1回しか海外に出られない。パスポートも取り上げられて、政府が管理している。しかし公務員の家族は来ることができますし、普通のサラリーマン、あるいは会社の経営者や管理職の人々、一般の市民も日本へ来ています。日本円で10万円ぐらいお金があれば、日本に1週間いられる。中国人は日本のことも、日本の文化も好きですよ。

　私は去年の12月から、ネットラジオをスタートしました。このラジオは（書籍と一字違いで）「静説日本」といいます。始めて1カ月半ですが、視聴者は130万に増えました。

鳩山　すごいですね。ありがたいことです。

徐　このチャンネルでは、政治、経済、観光など日本のことを取材して中国人に解説している。この番組を通じて、「ああ、なるほど、日本人は中国人と同じだけれど、心も優しいし、礼儀正しい。一生懸命いいものもつくっていて、同じ兄弟だよ」というイメージが出てきました。国民交流が大事だと思います。日本人も中国へ行ってもらいたい。

鳩山　減っているんですよね。日本にも徐静波さんの日本版のような方がいて、中国のことを知らせるウェブやネット番組があるといいですね。我々も努力をしたいと思いますけれど。

中国人客を迎えるインフラ整備を

高野　安倍さんを筆頭に、政府・与党の人たちが中国が敵であるかのようなことばかり言うので、行く気がしなくなる。

徐　日本政府が盛んに誘致して、外国人観光客が2000万人を超えた。3000万人を目標にしている。しかし、3000万人を迎えるだけの受け皿ができていないと思います。銀座に行けば、たくさんの中国人が買い物をしていますが、全く日本語ができない人、初めて日本に来た人は、自分で銀座に行くことはできないので、団体でバスで行きます。ところが銀座には、大型バスが停まれる駐車場がない。歩き回って疲れたら、座って休憩したいが、そういうスペースもない。日本人は「喫茶店に行けばいい」と言うが、日本語ができないと入りにくい。私が一番言いたいのは、政府として観光のインフラ整備が必要だということです。

高野　確かに、大型バスが待機できる駐車場がないという話は浅草でも聞きました。そういうことは、地下鉄やタクシーで行くのが当たり前と思っている日本人は、言われてみないと気が付かない。

鳩山　福岡には、豪華客船に乗って中国から毎日1000人単位で観光客が来る。

徐　毎日4、5000人が来ています。

鳩山　同じ船から出た人たちが、1000人単位で食事する場所がない。私の知り合いの中国人が、観光客が一緒に食事ができる場所をつくると言っている。本来ならば、日本側が努力しなければいけないことに、中国の人が取り組んでいる。

高野　そういうところにビジネスチャンスがあることに、日本人はなかなか気が付かない。中国人の方が敏感なんでしょう。

徐　中小企業を含めて、日本の企業は中国へ物を売るという発想しかないですね。中国から1000万人が来るとしたら、サービス業を充実させなければならない。例えば200人が食事できるラーメン屋をつくるとかね。

北朝鮮を抑えるのは中国の役目？

高野　さて、最近、北朝鮮がまた核実験を強行し、人工衛星打ち上げと称してロケットを発射した。そのために北東アジアの国際関係もギクシャクした状態になっています。日本はもちろん北朝鮮へ制裁を加え、韓国が加わるが、中国は必ずしもそれに同調していない。この問題は中国側からはどう見えているのでしょうか。

徐　中国の王毅外相は、今回の北朝鮮のミサイル発射は、ロケットを使った人工衛星の発射だと明言しています。どんな国にも人工衛星発射の権利はあります。国連の決議に違反するかは微妙ですが、もし民用だったら、中国でも日本でもパキスタンでもインドでも発射しているので、北朝鮮だけに発射してはいけないとは言えない。

アメリカや日本、韓国を含めて、世界的に今回の北朝鮮のミサイル発射は中国のせいじゃないかという世論ができています。中国が北朝鮮政府をちゃんと管理できていないのが悪いので、全ての責任は中国側にあるというイメージが作られている。中国政府としては本当に困っています。

金正恩が最高指導者になって3年経ったけれども、彼は1回も中国を訪問していない。中国と北朝鮮の関係は、アメリカや日本で思われているような兄弟関係ではない。昔はそうであったかもしれないけれど、いまはそうではないんですね。もちろん中国が石油とか食料とか黙って提供していますけれど、北朝鮮側の認識は全く違います。

私は、平壌にも中国との国境地帯にも行ったことがあります。北朝鮮労働党の幹部に会って話を聞いて、非常に驚いたのは、北朝鮮は中国を守るために何百万人もの国民を犠牲にしたのだと主張したことです。朝鮮戦争の話ですね。アメリカは中国に侵略しようとした。その時にアメリカ軍の矢面に立って中国を守ったのは北朝鮮だった、と。その見返りとして、中国が北朝鮮に食料や燃料を提供するのは当然であって、この程度ではとても足りないくらいだ、と。いまも北朝鮮は中国を守るためのガードマンとして頑張っているのだから、中国も北朝鮮を守ってほしいというのです。

高野　それはものすごい意識のギャップですね。

徐　確かに60年前に戦争があって、朝鮮半島は分断された。中国は当時の同盟国である北朝鮮を助けるために参戦し、多大の犠牲を払って戦いましたが、その直接の当事者はあくまで北朝鮮とアメリカそれに韓国ですから、そこから発する問題についてはアメリカと北朝鮮が直接対話して解決してもらいたい。中国としては、北朝鮮を抑え込むというのではなく、北朝鮮を説得してアメリカと対話するように橋渡しする役割ですね。

高野　直近のロケット発射について言えば、ミサイルではないから大騒ぎするな、というのが中国の本音でしょう。さらに、歴史を遡って根本から考えれば、朝鮮半島で今なお冷戦状態が続いている根っこには朝鮮戦争があるのだから、中国にその収拾の責任を押しつけられても困るんで、当事者の北朝鮮とアメリカがちゃんと話をしてくれ、ということになるのだと思う。

そもそも、食うや食わずで人民が飢えているときに、なぜ北朝鮮が核開発やミサイル実験をしているかというと、朝鮮戦争以来、ずっとアメリカに核で狙われているという恐怖に苛まれてきたことが背景にある。発端は、朝鮮戦争の国連軍総司令官だったマッカーサー元帥が、中国の参戦もあって米軍が海に落ちるところまで押し込まれた際に、巻き返すために、中国東北部のソ連軍や中国軍の基地に戦術核兵器を打ち込むべきだと主張した。トルーマン米大統領は、そんなことをしたらソ連と全面戦争をすることになりかねないと言って、マッカーサーを解任してしまう。しかしそれを通じてソ連のスターリンも中国の毛沢東も、「そうか、アメリカはいざとなると核兵器も平気で使う国なんだ」と悟って、本気で核を開発するようになった。

北朝鮮の金日成も、ソ連に核技術の供与を願い出るが、さすがにこれはにべもなく拒否される。その時の金日成の悔しい思いが、金正日、金正恩に引き継がれているのですね。

日本もアメリカも冷戦後遺症

徐　他方、冷戦が終わっても、日本やアメリカは冷戦の考え方を捨てていないから、北朝鮮は敵ということになる。

高野　北朝鮮も日本・アメリカも冷戦思考から逃れられないでいる。その状況で、6カ国協議を通じて、まず北が核開発の停止を確約すれば先の話に応じてもいいと言っても、なかなか通じない。

徐　北の核を止めることはできないと私は思います。

高野　北朝鮮の立場からするとできない。なぜなら現在も、アメリカからいつでも核が撃てると脅しを受けていると思っているわけですから。そうすると6カ国協議から始めるのは間違いで、先に38度線の休戦協議を平和協定に置き換える交渉を先行させて、正式に和平を達成すればよい。和平交渉のなかで、核の不使用宣言や、全体的な軍縮、信頼醸成のための本格的なホットラインの創設など、いろいろな項目を一つひとつ積み上げて解決していく。

朝鮮半島そのものの非軍事化・非核化を進めていけば、北朝鮮はいつアメリカが核で攻め込んでくるかという50年代からの恐怖からようやく逃れることができる。アメリカが北朝鮮を核攻撃のターゲットから外すのもひとつのやり方なんですが、互いに安心できる方法をとって、全体的な軍縮を進める中でしか解決しないと思う。

鳩山　それができるとしたら、オバマ大統領でしかありえない。この次の大統領が誰になっても、強硬になる。

高野　ヒラリーが大統領になったって、オバマよりはるかにタカ派ですからね。

徐　北朝鮮の首を絞めるんじゃなくて、政権から国民までちゃんと命を保証してやれば、北朝鮮は必ずミサイルや核弾頭を放棄すると思いますよ。

鳩山　冷戦構造から抜けたくない国があるんじゃないんですか。軍産複合体で養われている国からすると、それによって経済が成り立つような状況にしなきゃならない。そういう国からすると、敵がなくなったら困ってしまう。

徐　正直に言うと、アメリカも東アジアや日本に駐留する理由もなくなったし、日本も戦闘機を買ったりミサイルを開発したりすることは、なかなかできなくなった。

高野　だからこそ〝脅威〟を誇大に描き上げて擬似的な冷戦状態を維持しようとする。冷戦後遺症とでも言うんでしょうね。私は、全部、誇大妄想的な話だと思っている。

徐　日中両国のあいだには尖閣問題、いまは南シナ海問題もありますけれど、あくまで話し合いで解決すべきだと思います。

すでに「棚上げ」されている尖閣問題

高野　尖閣については、今も安倍首相は「離島、領海をめぐる環境はかつてないほど厳しくなっている」と口癖のように言い、新聞でも時折「中国公船がまた尖閣付近の領海に侵入」などと小さな記事が出るので、一触即発の緊張が続いていると思っている人も多いかと思いますが、全然そんなことはなくて、日中間の暗黙のルールが出来上がって、お互いに冷静に対処している。

このことは、前に徐さんから聞いて驚いて、私も調べてみたのですが、海上保安庁のホームページに「尖閣諸島周辺海域における中国公船等の動向と我が国の対処」というデータが公開されていて、赤い棒グラフが中国公船が尖閣周辺領海に侵入した月別の延べ隻数、青い折れ線グラフが領海に接する「接続水域」で確認された隻数です。それを見ると、2014年1月以降は、中国のいわゆる公船、すなわち軍艦ではなくて海警船ですね、毎月標準で3回（たまに2隻）、1回につき標準3隻（たまに4隻か2隻）が領海侵犯している。海保に訊くと「そのように侵犯が常態化しているのです」と言う。「いや、そうじゃなくて、どうして月3回、3隻と決まっているのですか」と問うと、「それが常態化ということです」と。それで徐さんに訊くと……。

徐　そうですね、尖閣は中国が「釣魚島」と呼ばれています。月3回というのは、中国の海警局は青島の北海分局、上海の東海分局、広州の南海分局に分かれていて、尖閣は東海分局の担当。東海分局の下の上海総隊、浙江総隊、福建総隊が月1回ずつ順番で出ていくので、月3回になります。そして、あまり日本側を刺激しないように、毎回、2時間程度は領海に入ってすぐ出て行くようにしている。

高野　それは中国側が一方的に設定しているルーティーンなんですね。

徐　そうです。しかも、2015年に入ってから、その進入予定を日本の海保に「事前通告」しているはずです。海保としては、いつ来るか分からないと常時一定の隻数を出して警戒しなければならないが、通告制になるとその時に出て行けばいいのだから、前よりだいぶ楽になったのではないですか。

高野　ということは、その中国側の一方的に設定したルールを日本の海保も暗黙に容認して、すでに事実上の尖閣問題棚上げが現場レベルで実現しているということですよね。

徐　そうだと思います。

高野　しかしそんなことは日本の政府はもちろんマスコミも1行も報じないから、国民の多くはまだ尖閣で緊張が続いていると思い込んでいる。それをいいことに、辺野古基地建設を急がなければならない、南西諸島に新たに自衛隊を進駐させなければならない、という安倍政権の〝強硬姿勢〟がまかり通っているのです。

鳩山　今こそ対話が大事です。それなのに日本政府は問答無用に配備強化を進め、フィリピンやベトナムにも働きかけて中国に対する軍事的包囲網を作ろうという外交を進める。南シナ海にも海上自衛隊の軍艦を進出させる。経団連は東南アジアに武器を売り込もうとする。非常に時代錯誤だと思います。

経済「軟着陸」のための試行錯誤

高野　さて、今日は徐さんに外交・軍事、北朝鮮問題、尖閣問題といろいろ伺いたいことがあるのですが、後半は中国経済論に話を移します。例えば『文藝春秋』（２０１６年3月号）には中国人の柯隆・富士通総研主席研究員が「中国経済まだまだ悪くなる」と書いていて、これが日本における支配的な論調です。中国経済「停滞」論はまだしも「悪化」論から「崩壊」論まで、悲観論のオンパレードです。

それに対して今週の『ニューズウィーク』では、河東哲夫さんという元外交官が「『共倒れ』の呪文が世界に響くがうさんくさい中国経済脅威論」（２０１６年2月16日号）というタイトルで、習近平政権の経済運営が混乱して先行きが不明なので世界経済がおかしくなっている、先ほどの軍事・外交面での「中国脅威論」「何でも中国原因説」と一緒で、うまく行かないのは中国経済が悪いんだという呪文が横行していることに疑問を呈している。他人のせいにばっかりするなということでしょう。

徐　安倍総理の国会答弁も、中国経済がだめになって日本の経済も影響を受け、株の暴落が起きたという理屈です。「中国経済と日本経済、そんなに緊密性があれば両国はもっと仲良くしたらいいんじゃないでしょうか」と私は言いたい。

高野　最近の日経新聞「十字路」というコラムで投資コンサルタントの馬淵治好さんが、この中国経済の悪化は以前から明らかだったにもかかわらず、市場が今になって騒いでいることへの疑問を投げかけています。「新常態（ニューノーマル）」への移行、あるいは軟着陸というのは、習近平政権始まって以来というか、始まる前から予告されていた同政権にとっての中心課題です。それで犠牲も出ることを覚悟しながらも、急成長にブレーキをかけていくのは初めから分かっているのに、急に減速した、停滞した、崩壊ではないかと大騒ぎするのが短視的な〝市場関係者〟というもので、マスコミもそれに引きずられて「さあ大変だ」という調子で書くのです。

消費主導型経済への移行

徐　実際、中国の経済がどうなっているか見ると、倒産している会社は結構あります。特に中小企業で、労働集約型の産業が多い。私の故郷の浙江省では紡績、繊維、洋服関連の会社が倒産している。元気な企業もあって、例えば、中国の消費の11％はアリババという一企業が占めています。

高野　アリババはすごい。２０１３年には、アメリカのeBayとアマゾンの合計を超える売上高の世界最大のネット通販会社になり、今年3月にはたぶん米ウォルマートをも超えて「世界最大の小売業」になる。創業者のジャック・マーは資産2兆３０００億円とかの中国一の大富豪です。

徐　中国は過去30年間、高度成長を維持するために無理やり投資を行なってきました。いまは本当の転換期で、高度成長から中度成長に速度を落とさなければならない。生産過剰が問題になっていますが、特に鉄鋼は、中国の1年間の鉄鋼生産量で世界の3年間の需要がまかなえると言われているほどの過剰です。セメントなど建築関係の材料も余っています。そういう関連の会社は倒産しているところが多い。
しかし日本もアメリカもかつてはそういう時期があったわけで、驚くほどのことではありません。２０１５年（10―12月期）中国のＧＤＰ成長率は６・９％と発表されました。信じられない、もっと深刻だと言う人が多いのですが、中国の専門家は「少なくても５％ぐらいある」と言っていました。５％だとしても、日本はいまＧＤＰ成長率がマイナス１・４％ですから、日本よりまだ中国経済は元気だと思います。

高野　バーナンキ前米連邦銀行議長が、最近香港で開かれたアジア金融フォーラムで「中国の経済減速は全体的に見て世界経済に脅威をもたらすほどではない」と発言しています。中国では、製造部門からサービス部門主導型の成長に移行していく過渡期にある。ということは輸出主導型から内需牽引型に移行するということでもあって、それは世界が望んでいたことなのではないか。アリババの隆盛はその象徴です。

２０１５年はＧＤＰの内訳でサービス部門が初めて製造部門を上回った。中国の２０１６年１月の発表によると、サービス部門は経済全体の50・５％で、製造業より10ポイントも高い。２０１５年の製造部門の成長は０・３％にとどまっているのに対し、サービス部門は11・６％も拡大した。いまの中度成長は軟着陸の過程で、構造的な改革が消費部門主導に変わりつつある。減速だからといって、世界の脅威だという言い方はやめろ、とバーナンキは言っているわけですよ。

徐　習近平は２０１５年で新しい経済政策のスローガンを出した。リノベーションと言って、中国の経済産業の構造を変えねばならないと。中国の消費企業はＧＤＰの63％を占め、少なくともサービス型経済になってきている。あと1～2年頑張れば中国の経済構造は変わる。
お正月を見ても、2015年の訪日中国人客は約500万人。今回のお正月には20万人ぐらいの中国人が来ていますし、2016年の訪日中国人は700万を超えると思います。海外旅行に行った中国人は、このお正月だけで600万人。日本へ来たのはそのうち3％です。2015年に比べると2ポイント下がりましたが、まだ元気ですよ。それに、中国国民は貯蓄率が高い。世界ナンバーワンと言われていますが、GDPの50％を占めている。

鳩山　社会保障が充実していないから、老後のためにお金を貯めているのかもしれませんね。

徐　そうですね。中国には、日本円で800兆円ぐらいの貯金があります。この800兆円の1割＝80兆を、もし海外に投資すればどのくらい経済の効果があるのか。あるいは国内へ、例えば鉄道などの中国政府が管理する分野にも投資が可能になれば、内需でまだこれから発展していくと思います。

ジジ・ババ株主のパニック心理

鳩山　そのためにもAIIBが必要になるのですね。中国国内も田舎でインフラ整備が必要だと思いますが、さらに国外へ向けて、発展途上国のインフラ整備をしようという話です。そうすると、中国の沿海部から見ればこれまでは辺境だった新疆ウイグルや四川省や雲南省などが西や南への開発の基点として脚光を浴びる。習近平政権の視点が鋭いと感じました。

徐　2016年は5年計画の初めの年ですが、3月の全人代で計画をどのように具体化するかを話し合う。中国の方向性は間違っていない。過剰な生産能力を調節するのに、「一帯一路」含めてAII

B銀行を通し、海外に輸出する方向性は間違っていない。中国の田舎へ行ったら、車を持っていない人は多い。8億の中国の農村人口、3億世帯に車がない。上海や北京では一家に2台、3台所有が当たり前になっている。インフラ整備をしなければならない。中国内部には「デカい」市場が残っていますが、日本は内需市場がないから輸出しなければならない。

鳩山　気になるのは、農村と都市の格差が大きいことです。格差があるからフロンティアがあり、成長の余地があるとは思うんですが、格差が広がっているんじゃないですか？　金持ちと貧しい人々の格差がこの数年間で開いている印象はないんですか？

徐　そのような印象はあります。中国改革開放36年になり、国民全体が多少裕福に生活できていますが、一番利益を受けているのが、人間としてコツコツがんばっている町工場のオヤジ、あるいは役人の息子・関係者・親戚です。習近平はこれを分かっていて、だから3年間一生懸命腐敗を取り締まってきた。いま役人には、政府の金や税金を使わない、宴会を開かない、高級車は乗らないというルールができた。

鳩山　白酒《バイチュウ》も飲まなくなった。

徐　売れなくなりました（笑）。中国の人口は13億人です。大都会以外は、日本のような高い教育レベルはない。

例えば中国の株主の8割は個人です。日本では、ほとんどファンドや株証券会社が株主ですよ。中国の個人株主のうち、7割はおじいちゃん・おばあちゃん。本当によい株か、悪い株か、経営がどういう風に回っているのか全く分からない。ある人が「この株は駄目だ」と言っただけで、みんなが一斉に売りに出すので、中国の株市場は上下する。中国経済が悪化したわけではなく、この状況はおじいちゃん・おばあちゃんのパニック現象です。それを理解しないと、中国経済は読めない。

高野　株式市場はもともと心理ゲームで動きますが、中国の場合はなおさらジジ・ババ素人株主の「水鳥の羽音に驚き慌てる」が如き投機的な相互不信マインドで左右されるので、それを見て世界の〝市場関係者〟が一喜一憂するのは滑稽だということでしょう。

鳩山　株は本来、実体経済の企業の業績を表さねばならないのに、今は思惑中心で動くでしょう。思惑で動いていると、例えば中国の経済が悪くなるという話になれば中国人も一斉に株を売ろうとなる。それよりもお互い協力的になって株主が長い目で見て優良企業を育てるという本当の投資の方向を示せば株も上がってくる。

徐　国の指導者同士、財務大臣同士、産業大臣同士で、みんな頻繁に会って、意見を交換し共同で対応策をつくることは大事だと思います。

高野　アメリカは中国と実際それをやっている。前に田中均さんが言っておられたけれど、米中間にはトップ同士から大臣クラスから各分野の実務官僚レベルまで、何と100以上ものチャンネルを設営していて、ほとんど毎日のように何かの問題でどこかのレベルの米中協議が行なわれている。

徐　日本と中国はそういう常設チャンネルは持っていないに等しい。

習近平体制は安定したと言えるのか

鳩山　習近平主席はリノベーションを盛んに進めたり、日本にはないタイプのなかなかの指導者だなと私は思っていますが、必ずしも経済を分かっていないと不満をもっている人もいるそうですが……。

徐　北京で会った学者の一部には、経済の専門家である李克強首相にもっとまかせて経済政策をやればよいと言う人もいた。習が何でもかんでも自分で仕切って、李の出番がなくなっているのは先行きに禍根を残すと心配する人もいる。しかしもちろん経済政策は、習近平個人の考えじゃなくて、政府の戦略であるし、李首相の知恵も含んでいると思います。

まだ権力闘争の話は存在していないものの、いま中国は大変な時期で、習近平国家主席としては中央の権威をもっと集中させたい。これから経済改革と政治改革を行なう上で、もし習近平政権の最高指導者の権威がなかったら、中国はまたバラバラになってしまう。中国経済は大変で、サラリーマンも今年会社が倒産しないかどうか危機感をもっています。政府がやっている「一帯一路」においても、都市銀行の創立や、企業の救済、出稼ぎ労働者のために不動産市場にも柔らかい政策をとるなど、あらゆる応急策を行なっています。これらの「薬」は段々効果が出ています。株式市場はまだ大変ですが、中国経済は全体的に少しだけいい方向へ向かっている。中国人が日本にたくさん来るのも、ひとつの証拠です。

高野　習近平体制は出発時から汚職摘発を最優先して、それは江沢民の影響を全部出しきるための権力闘争的な「荒療治」だと言われて、その激しさに習近平が耐えられるのか疑問の声もありましたが、その波瀾をくぐり抜けて、一応安定したと見てよいのですか？

徐　最初は大物汚職幹部を片端から逮捕していましたが、最近は逮捕をせずに、大臣クラスの人を課長クラスへ格下げするとか、軽い罪ではやたらに逮捕せずに矯正を重んじている。汚職の取り締まりも常態化するという方向でやっている。

私は習近平政権は安定していると思います。以前の中国軍は、郭伯雄や徐才厚の部隊だった。２人は逮捕され、大幅に改革して人民解放軍を近代的な部隊に改造した。習近平政権の1期目はあと２年で終わって、さあそれから経済をどう改革するのか、彼は大変だと思いますよ。でも一生懸命頑張っている姿は、国民も理解していると思います。

日本の技術を中国で活用する

鳩山　経済発展の陰では環境が痛めつけられている。環境問題をうまく切り抜けられるんですか？

徐　中国は環境問題を気にして石炭発電を全部やめ、46％の石炭鉱山を閉鎖しました。

鳩山・高野　えええ！

徐　石炭は白菜より値段が安くなっていますが、石炭発電をやめて、発電はすべて原子力と天然ガスに転換するのが大きな方針です。もうひとつは、少なくとも３０００社の中小鉄鋼工場を閉じる。

鳩山　それは強引ですね。石炭発電も、日本の技術を導入すると相当クリーンな発電ができるんですよね。環境に悪い古い発電から、はるかに効率のいい石炭を用いた発電に代えることに、日本が協力すればよいと思います。

徐　中国にいちばん足りないのは環境技術です。世界で素晴らしい環境技術を持っている国は２つ、ドイツと日本です。実際のところ日本はドイツより技術が高い。この分野で中国と協力しようと10年前から言っているが、まだ成功できるモデルはできていない。

高野　日本の技術はすごくて、石炭を一度ガス化する。その石炭のガスを燃焼してタービンを回す。ガス・タービンを回しても熱が余っているから、ボイラーでお湯を沸かす。すると蒸気タービンがもうひとつ隣で回る。これで燃料効率が60％ぐらいまで高くなる。ここまではすでに実用化されています。

さらに実験中なのは、それとさらにもう1つ燃料電池＝水素発電をくっつける。これだとエネルギー効率が70％にまで高まる。それでもガスは出るので脱硫装置は付けますが、これも日本の技術は一流です。天然ガス発電とあまり変わらないまでに環境汚染が防げる技術を日本は持っている。

いま中国とインドとアメリカは、電力の5～7割を石炭で発電しています。3大石炭消費国です。もし仮に3国すべてが、日本の最新の技術をつかって石炭発電をやると、世界の地球温暖化、CO_2問題は基本的に解決すると私は思っている。日本政府でも環境省と経済産業省で論争があって、環境省は何が何でも石炭は駄目だと言う観念論で石炭火力の増設を止めてきた。ついこのあいだ、条件付きで最高度の石炭火力ならいいと折り合いがついた。日本政府の中でも、この問題についてはまだ理解が浅い。中国は絶対、日本の技術をつかった方がいいですよ。

鳩山　それは絶対やった方がいいです。原発をたくさん造るよりもそっちが大切。

徐　4代目の原子炉ができたと言われていますけれど、中国は原発をどんどん造っているので、福島の事故があって本当に安全かどうか国民は心配しています。自然エネルギーの利用も、一生懸命政府が補助金を出している。クリーンな石炭発電の技術を中国でも採用できれば、中国だけじゃなくて日本にも利益になる。環境分野で、中国と日本が協力できることはたくさんあります。水、ごみ処理の技術も中国に提供して、さらには経済的利益になる。

高野　日中で脱原発、自然エネルギーの推進、しかしそれが圧倒的比重を占めるまでの間、天然ガスと最先端石炭火力で代替するという大きなエネルギー戦略を共同で進めるようになれば、東アジア・エネルギー共同体が出来上がることになります。

第3章　南シナ海をめぐる米中確執の深層

岡田 充 ＋ 高野 孟

（UIチャンネル ２０１６年１月18日放送）

極めて抑制的に行動した米イージス艦

高野孟　２０１５年10月26日、中国が領海であるかのように主張している南シナ海の南沙海域に、アメリカがイージス艦1隻を派遣しました。日本の夕刊紙やスポーツ紙には「米中開戦前夜」であるかのような見出しが躍ったが、そもそもどういうことだったのか実態も背景も正しく伝えられなかった。

岡田充　イージス艦はラッセン号という名前で、事前にメディア報道を通じてこの日に中国の海域に入ると予告していました。

ここまでの経過を簡単に辿ると、２０１４年頃から南沙の岩礁や暗礁で中国による人工島の造成や建物・滑走路の建設が目立つようになり、フィリピンやベトナムなど領有権を主張する関係国が非難し、アメリカも中止を求めるなど国際的に大きな問題になった。２０１５年に入ると、その周辺に中国海軍や海警船が頻々と出没して示威を繰り返した。同年5月16日のケリー国務長官訪中直前の13日には、国防総省のリークだと思うが、米紙『ウォールストリート・ジャーナル』が「カーター国防長官が南沙に軍艦・軍用機の派遣を検討中」と報じた。実際、同21日には、フィリピンのクラーク空軍基地を飛び立った米軍のＰ８Ａポセイドン哨戒機が南沙上空を飛行し、中国側が激しい口調で８回も警告を繰り返すという緊張した事態も起きた。それが、特に中国との関係でアメリカ軍が南沙問題に事実上、直接介入する先駆けになりました。

その後、9月に米中首脳会談があって、南沙問題が主要テーマのひとつになった。あの海域はもちろんアメリカの領海ではないけれども、すべての公海における「航行の自由」を主張する立場のアメリカとして、中国に対して埋め立てを止めるように求めたけれども、習近平はこれに一切応じなかった。ただし軍事拠点化は避けるという言い方でアメリカには配慮した。これを受けて、ラッセン号に「自由航行作戦」の実施命令が出たのです。

全体的な背景から言えば、大統領選予備選が始まり、共和党の保守派はオバマの対中弱腰姿勢を批判しているので、軍艦派遣は大統領選を有利に展開するためのオバマの回答ではなかったかという気がします。ラッセン号は、台湾が実効支配している太平島という南沙諸島最大の島の近辺にも入っているので、何も中国だけを刺激しているのではない。「この問題は対話で解決すべきだから、力による行使は止めましょう」とサインを出している。

高野　アメリカの要求は最初から一貫していて、「人工島を作って領海12カイリを主張するバカなことはしないですよね。領海でないのなら米艦の航行の自由は認めて当然ですよね」ということです。

自由航行ルールの再確認を求める

高野　少しさかのぼると、２０１３年11月に中国が尖閣諸島を含む東シナ海の防空識別圏を設定して大騒ぎになった。あのときの安倍晋三首相の反応は極めてトンチンカンで、「あたかも尖閣を自国の領土のように扱っている」ことを非難した。防空識別圏というのはレーダーが届く範囲であって、領土主張とは何の関係もない。例えば韓国の防空識別圏には、当然、38度線より北、平壌の南端あたりまでが入っている。領空に入ってきてから敵機を見つけても対処が間に合わないから、レーダーによる識別範囲は公海上や他国領にまでも広げておかなくてはいけない。台湾の識別圏には大陸の福建省や浙江省も入っている。

岡田　東アジアの「防空識別圏」はもともと、朝鮮戦争が始まったとき米軍が敷いたものですよね。当時は米日・米韓・米台という3つの軍事同盟のもとで、米軍が北海道から台湾までをカバーする防空識別圏を勝手に設定した。日本の防空識別圏は沖縄返還が決まった69年にその一部を切り取って自衛隊に引き渡されたものです。台湾と中国が尖閣領有権を主張した直後の72年には、国会で社会党議員が「識別圏の中に尖閣が入っている。中国との紛争の原因になる恐れがある」と指摘するなどの議論が、実は当時、国会でもありました。

高野　そうですね。米軍の識別圏をハサミでちょん切って台湾と分けたので、与那国島の3分の2が台湾の識別圏に入ってしまった。ずっと放ってあったのだが、2010年になってようやく修正した。

それで、今回の中国の防衛識別圏設定に対して、ケリー国務長官は「一方的な設定に反対する」と言った。日本の新聞は安倍と同じように尖閣を含めたことが一方的だと言ったかのように伝えましたが、ケリーが言っていることを全部読むと全然違う。中国が「防空識別圏を通行するすべての飛行機に対し中国当局へ通告しろ」と、自由航行の観点で全く非常識なことを言ったことを非難している。防空識別圏の設定それ自体や、それに尖閣が含まれていることについては何も言っていない。[1] それで、

1　「海域・空域の上空通過、およびその他の国際法上合法的な使用の自由は、太平洋諸国の繁栄、安定および安全保障に不可欠である。米国は、いかなる国であろうとも、領空域内への侵入を意図しない外国の航空機に対し、防空識別圏に基づく手続きを適用しようとする行為を支持しない。また、米国の領空域内への侵入を意図しない外国の航空機に対して、米国は防空識別圏に基づく手続きを適用しない。我々は中国に対し、国籍不明または中国政府の指令に従わない航空機に対し措置を講じるという威嚇を実行に移さないよう強く求める。」米国大使館ホームページ・政府関連情報 http://japanese.japan.usembassy.gov/j/p/tpj-20131124a.html

アメリカはすぐにB-52爆撃機をその空域に入れて自由航行をテストしました。ですから、防衛識別圏設定に対するB-52と、今回の人工島に対するイージス艦とは全く同じ意味で、「自由航行」ルールの再確認を迫るというに尽きるのです。

岡田　「自由航行」は商船とか、一般船舶の自由航行ではなくて、いわゆる軍事用の艦船と航空機の自由航行なんですよね。一般商船はどこの領海であれ「無害通航権」があって、仮に航路を間違えて領海へ入ったとしても領海を主張する国は攻撃をしたりしない。アメリカの自由航行権というのは、軍事的目的を果たすための主張だと僕は思います。南シナ海・東シナ海全域におけるアメリカと同盟国のリーダーシップを確保する目的がある。

ラッセン号はレーダーのスイッチを切った

岡田　中国も事前に10月26日にラッセン号が入るということは知っていた。ラッセン号を追尾した軍艦がいましたが、面白いことが2点ありました。ひとつはラッセン号はレーダーのスイッチを切ったこと。レーダーは自分の位置を知らせ、周辺を監視すると同時に、攻撃するときに相手の船を照射する役割を持っている。つまり、アメリカの船が来ても攻撃しませんよというサインだった。もうひとつは、ヘリコプターを甲板に出さずに格納庫に入れていた。

高野　そのことは日本では全然報道されていないですね。目に見える格好で「無害航行」だという形をとったんですね。

岡田　「無害航行」と言ってはいないのです。アメリカは16年5月までに、計3回「自由航行」作戦を展開し、中国はそのたびに抗議するなど、当事国ではないアメリカの軍事介入にいら立ちを隠していません。

高野　そうか。領海であれば国連国際海洋法に定められた無害航行のルールに従う必要があるわけですね。ところが不思議なことにアメリカは、海洋法条約を批准していません。この条約の「無害」の定義は実は解釈がいろいろあって、まあアメリカとしては、覇権国アメリカはそんな細かい法律解釈に囚われることなく全世界の海を自由に駆け回るのだ、ということなのでしょう。

岡田　少なくとも米中首脳会談・米中戦略対話を通して、中国側もアメリカ側も南シナ海での米中対立のような、戦争につながりうる馬鹿なデットラインを踏み越えるようなことはしないとお互い了承していた。一言で言うならば、ラッセン号の行動は「出来レース」です。

高野　私が注目したのは、ラッセン号が入っていった3日後の29日に北京とワシントンを回線で結んでアメリカ軍作戦部長と中国軍司令官のテレビ会談が行なわれている。テレビ会談というのは一種のホットラインです。会談の内容は伝わっていないが、このタイミングで両方の作戦部門のトップ同士がテレビで語り合うとすればラッセン号のことに決まっている。

振り返れば、２０１４年11月のオバマ北京訪問、２０１５年９月の習近平訪米を通じて米中の「海空連絡メカニズム」の協議は相当進んで、合意できたところについては調印も行なわれている。テレビ会談システムのテストもラッセン号の行動とセットになっていたのでしょう。

岡田　シナリオ通りにやったということ。アメリカは、南シナ海におけるこれまでのリーダーシップを絶対に放棄しない。中国、同盟国、それからＡＳＥＡＮに向けてそのメッセージを送るという意図は明らかです。中国は海軍力も空軍力もまだアメリカと差があるので、これに正面から対抗するつもりはない。一応アメリカの顔を立てた、という側面もある。

高野　中国とアメリカは国際海洋法の解釈が異なる。そこにトラブルが起きる余地はあるけれども、基本的にお互いの主張を認識し合った上で、大人のゲームをやっている。

安倍が煽る中国脅威論

高野　それに比べると、日本の一部の報道は全く子ども染みたレベルで「すぐ、戦争か！」とまで騒ぐ。安倍も、防空識別圏の何たるかも分からないまま、とにかく〝中国の脅威〟を煽って安保法制を進める。

岡田　メディアの報道と実態が乖離している。メディアは、安倍首相・官邸・防衛省の３つのソースを基に報道しているので、政府広報の役割を果たしている。

２０１５年７月の衆議院安保法制審議の中では、安倍首相は「日本を取り囲む安保環境は大きく変化した」という曖昧な表現を繰り返したけれども、中国や北朝鮮を名指ししてその〝脅威〟を口にすることは慎重に避けていた。

実はその当時は、９月３日の「抗日戦争勝利」70周年記念日前後に安倍が中国を訪問する計画があった。７月には谷内正太郎国家安全保障局長が訪中して、その段取りを詰めていた。安保法制の議論のなかで中国脅威論を出すと、安倍訪中が実現できない恐れがあるので、中国脅威論を封印していたと思う。

高野　確かに安倍は「安保環境がますます厳しさを増す」と繰り返し言って、中身を言わない。一国の首脳が「中国が攻めてくるぞ」と右翼の宣伝カーのようなことを言うわけにいかないし、アメリカからも中国と仲良くやるようにプレッシャーをかけられていた。

岡田　ところが、参議院で審議が始まった途端に、安倍首相は中国脅威論を言い始めた。

7月20日に谷内さんが帰国してから中国訪問の是非について議論があって、官邸内でもかなり激しい対立があった。最終的には、安倍が安保法制の通過に精力を集中する、訪中どころではないと政治決断をして、参議院の審議では明らかに中国脅威論を出し始めた。

高野　参議院安保法制特別委員会で、「残念ながら、南シナ海で中国は大規模な埋め立てを行っている。東シナ海ガス田の問題も、２００８年の合意が守られていない。同時に尖閣の領海に公船が何回も侵入している」（7月28日）、「中国の力による現状変更の試みに対しては、事態をエスカレートすることなく、冷静かつ毅然として対応していく」（29日）と、ガンガン言い始めた。

岡田　それに先だって、中国がガス田開発で海洋プラットホームを5カ所新設したと外務省が発表した。もともと櫻井よし子が産経新聞で指摘したのをきっかけに、外務省が溜めていた防衛省提供の写真など15点をホームページに公表した。

櫻井らは、あそこにレーダー施設が設置され軍事拠点になれば、沖縄は一発でやられるという言い方をしますが、[2]レーダーはもっと高いところにつくらないと全く意味がない。ヘリポートも根拠の

2　「仮にこの中心部にレーダーを設置すれば、５００キロ圏内のあらゆる通信波を拾い、沖縄、南西諸島全域の自衛隊と米軍の動きをキャッチできる。現在中国沿岸部に設置されているレーダーでは、尖閣諸島周辺までの情報収集が精いっぱいだが、中間線付近にレーダーを設置することで中国の対日情報収集能力は格段に高まるというのだ。」（産経新聞・２０１５年7月6日）

ひとつにしているが、イギリスの北海油田にもヘリパッドがある。大陸から作業員を運搬するためのヘリを軍事用と決めつけるのはかなり無理があります。

高野　そうですよね。いちいち船を漕いでいくわけにはいかない。

岡田　それをもって「軍事目的だ」というのは何ら決定的な証拠ではあり得ない。

高野　むしろ「妄想」でしかない。

岡田　レーダーは、中国は内陸部につくっている。それで十分じゃないか。

高野　水面から10、20メートルの高さでつくっても、レーダーの届く範囲は知れています。それに海の真ん中にそんな拠点を置いても、いざという時は真っ先に攻撃対象になる。

岡田　仮に沖縄や本土を攻撃しようと思えば、内陸部に置いている中距離・短距離のミサイルで十分。そういう軍事常識から外れた話を平気で言うわけです。

高野　しかし、安倍首相がその調子で参議院の審議を突っ走ったかというとそうでもなくて、強行採決後の日経新聞調査で「内閣支持40％に低下、安保法54％評価せず」という結果が出ると、それについて匿名の政府関係者が「安保法が必要な理由は中国の台頭など安保環境の変化なのだが、外交的配慮から具体的なことはあまり説明できなかった」とコメントしていた。

米中海軍の蜜月の深まり

高野　さて、ラッセン号の話に戻ると、それから１週間後には中国海軍のミサイル駆逐艦など３隻がフロリダ沖に行って米海軍と合同の通信訓練を行い、さらに20日後にはアメリカの別のイージス艦ステザム号が上海港に寄港して、中国海軍と海難救助と通信訓練を行っている。通信訓練というのは、これもまた「海空連絡メカニズム」の一部で、現場で艦船が遭遇した場合に艦長同士が直接連絡を取り合って偶発戦闘になることを避けるためのものです。上海では、水兵同士のバスケットボールの親善試合までしている(笑)。「一触即発」なんてありえない。米中の意見が異なることもあり、駆け引きもあるけれども、いかにして戦争をしないかという努力が進んでいる。

岡田　友人の中国人学者が、北京で人民解放軍の高官と米中関係について議論をしたそうです。議論の一部を紹介すると、この高官は「アメリカから追いつめられても中国軍は手を出さない。攻撃すれば、改革解放30年の成果が台無しになるだけだ」と、あくまで軍事衝突は回避する考えを表明している。もうひとつこの高官は重要なことを言っていて、「南沙諸島で中国は領海基線は設定しない」と明言しています。

中国も日本も、領海基線を設定すれば国連に報告せねばならない。例えば尖閣諸島問題で荒れ狂った2012年9月、中国はただちに尖閣諸島に領海起点を設定して国連に通告している。そのような方法は南沙ではとらないと言っている。南沙ではベトナム、フィリピン、ブルネイ、マレーシア等、領海を主張する国が多い。錯綜した領海紛争がある南沙ではそんなことはできないことは中国も分かっている。

中国外務省のシンクタンクである北京大学国際戦略研究センターの米中問題の専門家である王緝思センター長は「アメリカ政府の中枢の外交優先順位は、第一にイスラム国(ＩＳ)対策であり、続いて対露政策であって、対中国関係の順位は高くはない」と言っています。また「南シナ海で中米両国はそれなりの信頼関係をつくっている」と指摘している。

じわじわと進展する「新型の大国関係」

岡田　中国はアメリカとの間で「新型の大国関係」を主張しています。第一回目の首脳会談ではオバマはそれを否定しませんでしたが、それ以後はその言葉を使っていない。その言葉を使うと中国の戦略に乗ってしまうという危惧があるのでしょう。

王緝思は「新型の大国関係」について、⑴衝突せず、対抗せず、⑵相互に尊重し合う、⑶ウィン＝ウィン（共通利益）という3原則と説明している。これが米中関係に対する中国側の軍と外務省の基本的立場だと思います。

強硬論を主張する学者や人民軍ＯＢはいますが、当局者ではないですから、影響ある発言と受け取らない方がよい。ましてや中国版ツイッターの微博《ウェイボー》は、日本の「2ちゃんねる」と変わらないですからね。

高野　「新型の大国関係」という中国の言い方はなかなか面白いんですね。20世紀後半はアメリカが世界のルールを決め、秩序を維持する一極支配でやってきた。外交に留まらず、金融機構もＩＭＦ体制も自由貿易も、戦後秩序はアメリカがつくってきたという自負があるので「余所者が何か言ってくるのはけしからん」という側面がある。

一方で、政権に出たり入ったりして外交政策を動かしているワシントンのエスタブリッシュメントあるいは外交政策マフィアであるキッシンジャー、ブレジンスキーみたいな人々は、21世紀もそのまま行くわけにはいかないだろうと本当はわかっている。中国が台頭してきて、中国の言い分も聞かなきゃいけない。中国がアメリカに取って代わる「覇権交代論」「脅威論」ではなく、アメリカがつくった既存の秩序に中国を組み込んで彼らの言い分も受け入れていくべきだと理性的な人々は思っていて、中国もまた世界第2の経済大国として、それは当然の権利だと見なしている。

岡田　オバマは「リバランス政策」を出して、ヨーロッパ・中東中心の従来のアメリカ外交を、アジアという成長著しい地域にもう一度目を向け直す政策を採っている。

リバランス政策における対中戦略には二つの顔があって、成長著しい中国から経済的利益をもらうと同時に、中国の軍事的台頭を抑制していく。この微妙なバランスの中で米中関係が決まっていく。ラッセン号と時を同じくして、アメリカのメディアではIMFの国際通貨（SDR）の基準通貨として人民元を含めるという報道があった。ある意味では経済と安全保障のバランスを考えている。

高野　IMFはアメリカの意向なしで動くわけがないですからね。そのIMFの副専務理事には2011年から、それまでの米日欧3人体制から中国を加えた4人体制になっている。すでに戦後秩序を修正したりルールを書き換えたりして中国にしかるべき地位を占めさせるというプロセスは様々に始まっていて、それを中国から見ると、アメリカ一国体制を修正させる「新型の大国関係」なのですね。ところがその辺でオバマも含めてアメリカは、理屈で分かっても体がついて行かないようなところがあって、ブレが起きている。

ＴＰＰとＡＩＩＢをめぐる駆け引き

高野　例えばＴＰＰを語るときには「中国ではなく、我々が（貿易投資の）ルールを設定する」と今年の一般教書演説でも言いました。どうやって中国をかませて経済的利益を生むのかという発想があってもよさそうなのに、20世紀のアメリカに戻ってしまう。

ＴＰＰについての当初からの疑問はそこで、21世紀に繁栄していくユーラシアにアメリカがいかに手を伸ばすかという話だから、中国を入れずに先に枠組みをつくってしまって、中国に膝を屈して入って来いと言っても、それはなかなか難しいでしょう。

岡田　アメリカの力は弱まっている。

高野　ＳＤＲに人民元を入れるのは、既存秩序の中でのちょっとした変更なんだけれども、それでも大きな出来事ですよね。中国をうまく受け入れていこうとする一方で、ＴＰＰは自分たちがルールをつくると言っている。

岡田　ＴＰＰについては第一に、中国の態度がかなり変わってきている。12月の始めに中国から５人の有名な経済学者と、人民銀行関係者が来日して、日本の財界人と話し合った。その中でこの５人は「ＴＰＰに参入する可能性が全くないわけではない」という言い方をしていました。ＴＰＰから除外され冷たい対応をしてきた中国ですが、十全に機能していれば入らない手はないという意志の表明であったと思います。

２番目に、ＴＰＰはアメリカ議会の批准がかなり遅れています。大筋合意はされているけれども、実際に十全に機能するまでには７、８年もしくは十数年かかる。中国は様子見していてもいいという考えが、先に挙げた態度の変化の背景にあるのではないかと思います。

高野　最近ＡＩＩＢはギリシャで一番大きな港（ピレウス港）を買ってしまった。ＡＩＩＢには、簡単に言えばアメリカと日本だけが入っていない。中国がＴＰＰに加入する代わりに、アメリカも日本もＡＩＩＢに参加する流れは、５年ぐらいでゆっくり進むと思います。

岡田　日米はたぶん一緒にＡＩＩＢに参加することになると思います。そんなに遠い話ではない。ＴＰＰの各国の批准具合を見つつ、進行をにらみつつ、中国とアメリカの神経戦はゆるめない。

冷戦が東シナ海混乱の根源

岡田　日本はいま南沙諸島で主権を主張していないから、縁遠いように思う方もいるかもしれないけれども、日本は歴史的にはこの海域に深く関わってきたことを是非知ってほしい。

１９２０年代から３０年代後半にかけて、日本軍は南シナ海だけではなく、パラオなどの西太平洋も領土化した。そのときにこの領土全体を「新南群島」と呼び、その一部として南沙・西沙・中沙・東沙の南シナ海全体を日米開戦前から領土としていました。

１９４３年12月にエジプトのカイロで米英中の首脳会談が開かれ、東アジアの戦後秩序を定めた「カイロ宣言」が発表されます。日本は日清戦争で台湾を領有していましたが、それを含め日本が中華民国から「盗取」した領土を全て中華民国に返させることを、アメリカのルーズベルトとイギリスのチャーチルが中国の蒋介石に約束します。このカイロ宣言が基本的な国際法上のスタートラインになって戦後秩序が作られていく。

１９４５年に日本が受け入れたポツダム宣言の中にも「『カイロ』宣言ノ条項ハ履行セラルヘク」という一文が入っています。しかし、１９５０年に朝鮮戦争が勃発し、西ヨーロッパでも東アジアでも、東西冷戦とアジア同士の「熱戦」が始まる。そこで１９５２年に調印したサンフランシスコ平和条約では、カイロ宣言の意味をアメリカが変えてくる。つまり台湾や新南群島については日本に主権を放棄させた後の帰属先がどこであるかを明記しないことにした。この曖昧さがどうして生じたかといえば、冷戦構造が原因なのです。

高野　１９４９年に中華人民共和国が成立して、蔣介石が台湾へ逃げた。その台湾を中国へ返還すれば大変なことになる。冷戦下のアメリカは、反共の旗印のもと台湾を守れという立場でしたから、当然帰属先を曖昧にしておくことになる。

「９段線」は暫定国境線？

高野　中国が主張する「９段線」を確認しておきたいと思います。次ページの画像１は自然地図。画像２は、中国の主張を除いた、ベトナム・フィリピン・ブルネイ・マレーシアが主張する領域はこれですね。南沙諸島のあたりで全部重なってくる。

岡田　台湾に蔣介石が逃げる前の１９４６年に中華民国＝国民党政権は、南シナ海は歴史的に見て中華民国の固有の領土であるので、カイロ宣言に基づいて台湾が中華民国に戻ってくれば、それに付属する南シナ海も中国に帰属されると解釈して、そのほぼ全域を覆う11段線を引きました。

１９４９年に中華人民共和国が成立したことによって、南シナ海・南沙諸島も中華民国を継承した

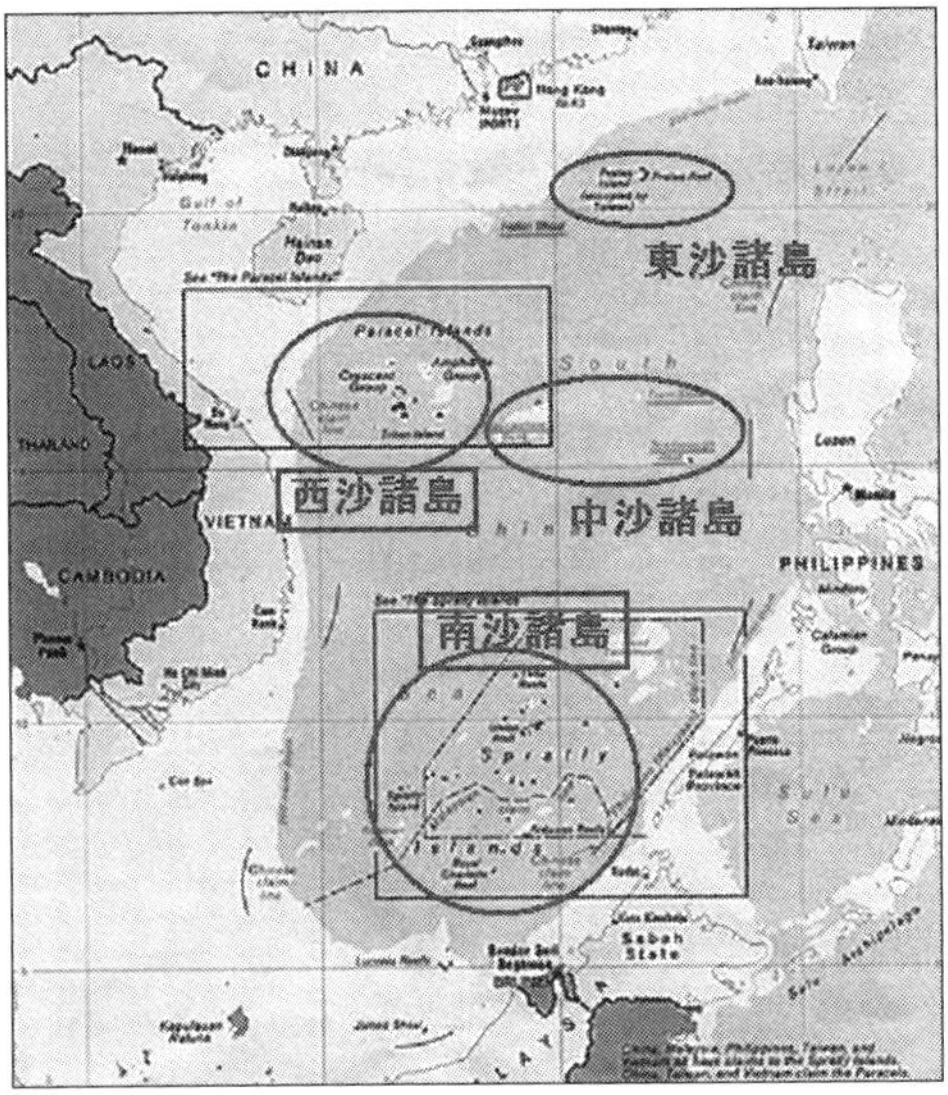
CHINA
東沙諸島
LAOS
THAILAND
西沙諸島
中沙諸島
VIETNAM
CAMBODIA
PHILIPPINES
南沙諸島

画像1

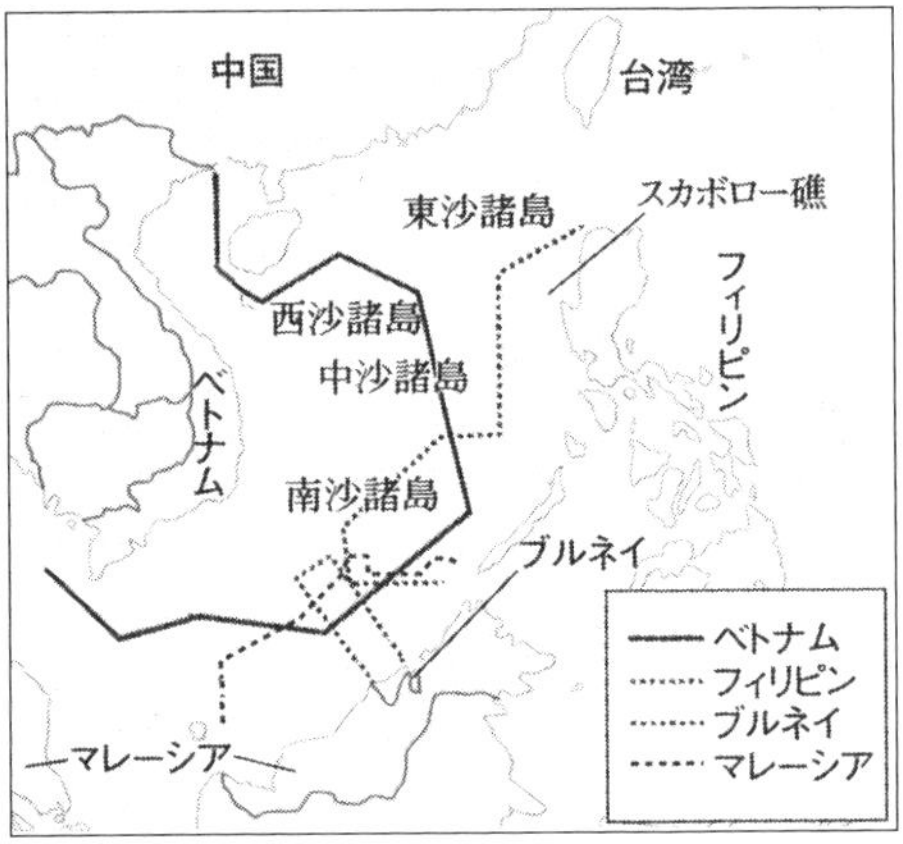
中国
台湾
東沙諸島
スカボロー礁
西沙諸島
中沙諸島
フィリピン
ベトナム
南沙諸島
ブルネイ
マレーシア
ベトナム
フィリピン
ブルネイ
マレーシア

画像2

中国が主張する「9段線」
中国
台湾
西沙（パラセル）諸島
中沙諸島
南シナ海
フィリピン
ベトナム
南沙（スプラトリー）諸島
マレーシア
ブルネイ

画像3

中華人民共和国のものになったというのが北京の立場です。北ベトナムが社会主義国になったので、友好国であるベトナムとの間にあった2つの断線を外したのが、いまの「9段線」です（画像3）。

この9段線を中国は国境だとは言っておらず、従って南沙諸島のすべてを領海だとも言っていない。軍部の強硬派の中には、中国の固有の領土だから他国に侵略されないという主張があるが、中国政府の基本的な立場はそれとは異なっています。

海南島に中国南海研究院という研究機関があります。軍・海警局・外務省が一緒になって作っているシンクタンクですが、そこで客員教授をしている張暁林は「9段線は暫定国境線に過ぎない」と説明している。争いがあれば、対話を通じて画定する必要があると。

従来からASEAN拡大首脳会談やASEAN地域フォーラム（ARF）でも、ベトナムと中国で紛争になっている領海・領土は2国間の協議で解決すると取り決められているので、中国といえども力づくで決着できるとは思っていない。ちなみに、尖閣はそれとは違っていて、日本側が領土問題は存在していないと言っているから、中国が力で取ってもおかしくない。だから領海基線を設定して国連に届けて自国領だと主張している。

南シナ海においては2国間の協議で紛争は解決すると取り決められているものの、中国と2国間協議で協議をすると、ASEAN諸国は弱いから負けてしまう。だからまとまって協議をすると主張していますけれど、ASEAN加盟国の中でもカンボジア、ラオス、タイ、インドネシアなどの国はその主張には必ずしも賛成していない。

高野　中国に対する遠慮の度合いが反映します。

岡田　フィリピンやベトナムとの間では中国の海警船が放水をしたり、衝突したり荒っぽいことも時に起きていますが、基本的に領海問題は話し合いで解決するのが中国政府の立場だというのは了解しておくべき話です。

高野　大局的には、２０１１年にＡＳＥＡＮが基本合意した「南シナ海行動宣言ガイドライン」をベースにして、東シナ海や北東アジアまで含めた東アジア全体の包括的な東アジア海洋条約のようなものを追求していくことでしょう。

岡田　例えば日本のタンカーは南沙諸島、西沙諸島をしょっちゅう通っている。もしこれらの島が中国の領土になれば、日本のタンカー通行に支障が出るという主張をする人がいるかもしれないが、それは全く関係ない。繰り返しますが、アメリカが主張する「航行の自由」は、商船や一般船舶のことを言っているのではなくて、主としてアメリカの軍事的目的を達成するための自由航行を指しているのであって、一般的な船舶の航行が阻害されるものではないと理解する必要があると思います。

ランド研究所が畏れる中国のミサイル能力

高野　ところで、南シナ海問題のひとつの背景に、中国のミサイル戦闘能力が急激に伸びていることが挙げられます。米ペンタゴンに直結するランド研究所が１５年９月に発表した「米中軍事スコアカード」というなかなか興味深い報告書があって、その中にこの図（画像４）があります。

　中国の軍備の近代化が始まった１９９６年の時点では中国の陸地から韓国と台湾まで、中国のミサイルが数十発ぐらい飛んでくるかもしれない範囲にあった。２００３年になると１００発ぐらい飛んでくるかもしれなくなった。

２０１０年になるとぐっと範囲が広がって、日本全土・フィリピンも数百発飛んでくる範囲に入ってしまった。グアムにあるアンダーソン基地にも数十発飛んでくるかもしれないという状況ですね。それが２０１７年になると、発射可能数が増えてくる。韓国・台湾・日本・フィリピンには数千発、グアムには数百発が飛んでくる予測をしている。

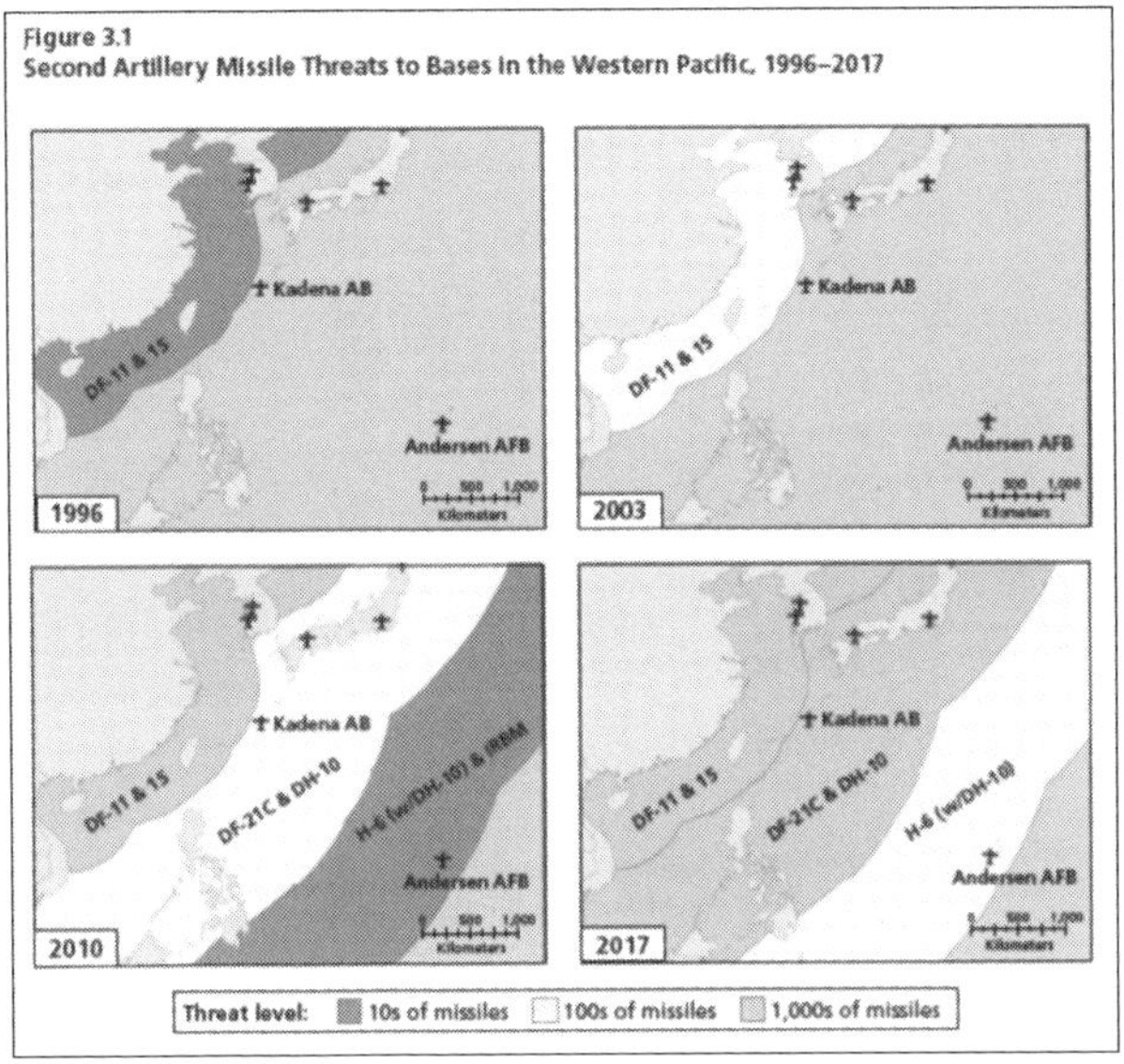

画像４

ランド研究所は何のためにこの予測を行なっているかというと、沖縄の嘉手納米空軍基地はいかに危ないか示すためなんですね。嘉手納基地の滑走路に２カ所穴が開いた場合に、何日間嘉手納基地が使えなくなるか試算していて、最大で戦闘機は43日、空中給油機は90日も飛べない。これが、ジョセフ・ナイ元米国防次官補が「米軍は沖縄にいる必要がない。いるほうが危ない」と言っている最大の根拠です。

岡田　そのとおりで、嘉手納基地は不要であり、撤退させることが軍事戦略的にも可能だし望ましいという傍証が示された。在韓米軍も北朝鮮からのミサイル攻撃で標的になるかもしれないということで、前線から南部に後退して規模も縮小している。

高野　朝鮮半島や台湾海峡など紛争が起こりそうなところで待っているという昔ながらの「前進配備」が成り立たなくなった。

海南島の中国原子力潜水艦基地

岡田　陸上配備のミサイルが沖縄を壊滅させられるというだけでなく、重要な問題があります。海南島には中国の原子力潜水艦の基地があって、その原潜にアメリカ本土に到達可能な射程８０００キロのＳＬＢＭ（潜水艦発射の核搭載ミサイル）の搭載を進めているという問題がある。南シナ海やフィリピン沖の太平洋の深いところからアメリカを狙うことが出来る。これをアメリカは一番懸念しています。中国は陸上発射の大陸間弾道ミサイルを持っていますが、潜水艦発射だと遙かに対応が難しい。覚えている方はほとんどいないかと思いますが、２００1年4月に嘉手納基地を飛び立ったアメリカ軍の偵察機が海南島上空で中国軍機と接触して、アメリカの偵察機が墜落する事故がありました。このときアメリカ軍の偵察機は、海南島の原子力基地を偵察していたと言われています。

南沙諸島を中国が埋め立てて３０００メートルの滑走路を完成させ、２０１5年9月には海南島から民間航空機が飛んで離発着をテスト飛行しました。埋立地に近い海域に深い海溝があるから、その埋め立て地に原子力潜水艦の基地をつくるのではないかと言われている。真偽は明らかではないですが、それはないと私は思っています。

高野　原潜は燃料補給が要らないので、理論的にはいつまででも潜っていられる。しかし食糧補給やメンテナンスは必要だし、何よりも乗組員の頭がおかしくなってしまうので、普通2〜3カ月で基地に帰る。だから南沙辺りに出先の基地など要らないです。

おっしゃるとおりで、南シナ海の航行自由がアメリカにとって命懸けなのは、実は原潜の問題です。海南島を母港とした中国原潜部隊が東シナ海を自由に泳ぎ回っていつでも米本土を撃てる状況が出来上がってしまうのが我慢ならない。それを牽制しつつ、艦船や潜水艦や偵察機で中国原潜の動向を探り、スクリュー音などの識別情報を収集し、出来れば構造を推測するためのデータまで収集したいというのがアメリカ軍にとって航行の自由なんですね。それを逆に牽制するために中国は岩礁の要塞化をする。

ですから、南シナ海危機と言われるものは、3層構造を持っている。《レイヤー1》は、中国が国際常識を無視した岩礁の軍事建設を進め、それに対してアメリカが軍用機や軍艦を送り込むといった、薄っぺらい表層のレベルで、そこを見て安倍首相とその取り巻きやスポーツ紙などが「米中開戦か？」などと言っている。

《レイヤー2》は、それで偶発戦闘など絶対に起こしたくないという共通理解のもと、実は分厚い「海空連絡メカニズム」の構築や米中合同演習の積み重ねが進んでいて、米中関係の基調はむしろここにある。ところが、だからといって米中はべったり仲良しかと言えばそんなことはなくて、《レイヤー3》では、中国の米本土を狙える原潜部隊の東シナ海配備とそれを牽制し調査したいアメリカとの、それこそ水面下の激しい駆け引きが展開されている。

普通、外交・軍事というのは、このような二重底、三重底の構造で営まれているのですが、日本はその点でまだ幼稚園レベルで、政府もマスコミも勇ましいことを叫んでいる評論家の類いも、《レイヤー1》の単次元で踊っているだけで、安倍が執心する安保法制もまたその域を出ない。この単細胞思考が日本をおかしくしているのです。

加速する離島への自衛隊配備

岡田　要するに日本には大局観が欠けている。主要ではない局面の細部に気をとられ、それを分析と称しています。アメリカの太平洋軍司令官だったデニス・ブレアは、後にＣＩＡを含めた情報機関の元締めである国家情報長官を務めました。

彼は２０１５年４月に来日し、外国人特派員協会で講演をしている。面白い発言があって、これは主として尖閣諸島を指して言っているのですが、中国が尖閣諸島を軍事的に支配できる可能性は極めて少ない。そのようなことを試みれば失敗するし、大きな政治的リスクを背負うことになる、と発言しています。彼は「東アジアで紛争が起きる可能性は見当たらない」とも言っていますが、これがアメリカの本音だと思います。もし中国軍が尖閣諸島を力づくで奪取し、空挺団を派遣して軍事支配をしたら、補給にものすごい力が必要になる。そんな馬鹿なことはしない。

高野　絶対維持できないし、そんなことをする意味もないから、しない。ところが日本政府は、中国軍が尖閣から島伝いに与論島、石垣、宮古と攻め上がってくる危険が高まっているとか言って、米海兵隊の辺野古基地建設ばかりでなく、与那国にも宮古にも自衛隊を配備して「島嶼防衛」を強化するという、ほとんど妄想的な世界に入り込んでいる。

岡田　外務省の高官が私的な懇談の場で平気でこんなことを言うので、私はとても驚きました。「日本国内では、尖閣ぐらいあげてしまえばいいという議論があります。しかし、みなさんどうでしょう。尖閣を中国に取られたら、次に中国は沖縄を狙いますよ」と。これが外務省の主流の考え方ですよ。こういう主張をメディアを通じて、日本国民、それから中国に送ってほしいというサインだと思います。この驚くべき認識をそのまま受け止めて、メディアが報道するのです。

高野　安保法制国会でもこの〝脅威〟の実相についてちゃんとした議論は行なわれていない。

岡田　もともと与那国島には警官３人しかいなかった。１１０キロしか離れていない台湾との交流も大変盛んでした。アメリカと台湾との間に軍事同盟があったので、米軍占領下の１９７２年までは、米軍も軍人を一人も置いていなかった。

ようやく漁船の取り締まりを始めたのは、沖縄返還以降でもなくて、もっと後のことです。尖閣諸島に石垣市が国標を建てたのは１９６９年だった。それから８０年代になって初めて台湾漁船を取り締まりが始まる。

与那国島に関して言うと、２００９年に浜田靖一防衛大臣が、与那国にレーダーを設置すると言って初めて現地視察した。その直後に政権交代して鳩山政権になり、新しい北澤俊美防衛大臣は浜田決定を撤回して凍結した。鳩山政権は凍結方針だった。

それが翌２０１０年３月にまたひっくり返って、積極的に展開しましょうという方針になる。鳩山政権がもう少し頑張って継続していれば、こんなことにはならなかった。

高野　当時は辺野古問題で政権がガタガタになっていた。その間に官僚がひっくり返したんでしょうね。

岡田　与那国どころではなかった頃ですね。ちょうど予算の国会審議の最中に北澤防衛大臣が「配備を検討する」と表明した。より積極的になったのは野田政権になってからです。

高野　このように見ていくと、米中間で戦争が起こる可能性は極めてゼロに近い。戦争の可能性を誰よりも恐れて、責任をもって考えているのはアメリカと中国であると思います。それを日本のマスコミは無責任に、「一触即発」「開戦前夜」と平気で書く。

先の戦争もこのように始まっていったのではないかと思います。反知性的な風潮が広がる中で、片々たる情報をつまんで、極端なことを誇張しているうちに道を間違えて戦争に転がり込んでしまう。

岡田　その通りですね。中国の軍事的脅威が本当にあるかどうか、きちんと議論しなければならない。マスコミが政権と組んで垂れ流す「脅威」という同調圧力に、多くの人が逆らえない危険な状況になっています。山田洋次監督の映画『小さいおうち』を見ると、田園調布に住む当時の中産階級の善意あるおじさんが、盧溝橋事件が始まって、日本軍が南京まで行ったときの提灯行列で「日本軍よくやった！　この調子だ！」と言う場面がある。非常に善良な国民が、いつか戦争をやって日本は勝たねばならないという意識に変わっていく。これが怖いんだと思います。

高野　一方で格差などの状況もある。それを生み出した張本人は政府なんだけれども、弱い立場にある者ほど鬱屈しているものをむしろ対外的に吐き出そうという誘惑に乗りやすい。古今東西・万国共通のことかもしれませんが、そういう危険が迫っていることを肝に銘じたいですね。

第4章　日中領土問題の起源——公文書が語る不都合な真実

村田忠禧　＋　鳩山友紀夫（UIチャンネル　2015年2月2日放送）

「棚上げ」の隠蔽

鳩山友紀夫　歴史は、どういう方向から見るかによって認識に違いが生じます。事実に基づいてそれぞれの国民が判断するのが大事であって、日本と中国の国民で事実が共有できていないことが大変残念です。

村田忠禧　日中平和友好条約を結ぶにあたって開かれた園田直外相と鄧小平の会談でも、尖閣諸島の「棚上げ論」に関する部分は記録が残っていない。石井明東大名誉教授の本にも記載があります（『中国国境　熱戦の跡を歩く』岩波書店、２０１４年）。

鳩山　当時通訳をされた林麗韞さんからも聞いた話ですが、１９７２年の周恩来・田中角栄会談の中で、最初に田中角栄首相の方から尖閣の話を出し、周恩来首相は、日中国交正常化の話の方が大事だからこの話は今はやめておこうと言ったままでは外務省の記録に載っている。その後に田中角栄が、日本としてはこの話をしなければいけなかったのだけれど、あなたがそう言うなら今回この話はやめておこうと発言したのに、その部分の記録がないそうですね。

村田　矢吹晋横浜市立大学名誉教授が『尖閣問題の核心』（花伝社、２０１３年）の中で紹介しています。その他にも、竹入義勝公明党委員長が周恩来総理と会った時の記録（「竹入メモ」）によれば、１９７２年7月28日に尖閣問題について話をしている。

竹入メモでは「尖閣」について周恩来が一方的に話をしていて、「尖閣列島の問題にふれる必要はありません。竹入先生も関心が無かったでしょう。私も無かったが、石油の問題で歴史学者が問題にし、日本でも井上清さんが熱心です」と紹介している。

井上清は事実に基づいて、歴史的に見てもともと中国のものであった尖閣諸島を、日本が日清戦争の最中に取ったと立証している。それでも当時から日本の政党は全て、尖閣諸島を日本の領土だと主張していた。周恩来がわざわざ井上の研究を紹介したのは、歴史的事実にも着目してほしい、というメッセージが含まれていると思います。

周恩来は、平和五原則[1]に基づいて国交を正常化することに比べれば、尖閣問題は重要なことではない、とはっきり言っている。１９７２年７月の段階で周恩来が共同開発を提起していることは、竹入メモには載っていない。実は一方的に周恩来が尖閣の問題を持ちかけたのではなく、最初に言い出したのは竹入なんです。

竹入が「尖閣は日本の領土だ」と主張する。そうすると周恩来は「中国でも自らの領土だ」と言いますよ。この問題にこだわっていたのでは、国交正常化は出来ない。周恩来が、共同開発をした方がいいと言っているんですが、その部分は竹入メモに載っていない。

石井明他編『記録と考証　日中国交正常化・日中平和友好条約締結交渉』（岩波書店、２００３年）の中で、竹入がそのいきさつを朝日新聞の記者に語っている。私はこれは、「竹入・周恩来会談」を本来の姿に戻したものじゃないかと思っています。

私は中国側にも、当時の記録を公開するよう言っているのですが、実現していないので残念です。

鳩山　日本側も、中国側も、本来ならば公表されるべき資料が公表されていないので、一番肝心なところが見えてこない。

1　①領土・主権の相互尊重、②相互不可侵、③相互の内政不干渉、④平等互恵、⑤平和共存

尖閣領土編入

鳩山　日本政府は尖閣は固有の領土であるという一点張り、したがって「領土問題は存在しない」と主張するので、国民もそう思っている。なぜ尖閣が「固有の領土」と言えるのかを検証してみようと思います。

村田さんの『史料徹底検証　尖閣領有』（花伝社、２０１５年）では、沖縄は固有の領土と言わないという記述がある。沖縄はもともと琉球国から沖縄県として編入されたから、固有の領土という言い方はできない。沖縄が日本に編入された時に尖閣が入ってきてもいない状況で、尖閣を固有の領土というのはどう考えても理屈が通らないと書かれていましたね。

村田　現在、日本の報道などでは「沖縄県・尖閣諸島」または「沖縄県の尖閣諸島」という言い方をしますよね。以前はそうではなくて、「尖閣諸島（中国名　釣魚島）」としていた。今は日本の領土である沖縄県の一部であるかのように言うが、沖縄県自身が日本の固有の領土ではなかった。一番いい例が琉球国絵図の内の、先島諸島の国絵図です。２万１０００分の一の尺度で描かれた、高さが約３メートル、横幅が約6メートル20センチぐらいの地図ですが、非常に精密に作られている。

琉球国絵図は、１６００年代から3回作られています。浅瀬、宮古島の上の方にあって6月ごろに出てくる八重干瀬という干潟まで書かれています。先島諸島の部分と、沖縄本島の部分、それから奄美の部分と3つあって、３枚の地図に沖縄に関する部分が全部描き入れられている。

例えば与那国島も実際にはもっと遠くにあるのが、一枚に書き入れるために距離を縮めている。彼らにとって大事なのは距離ではなく面積ですから。ともかく琉球国に属する島は全部入れている。

琉球はよく三省三六島と言いますが、名前が付いている島だけでも80ほどある。それが全部書き込まれているわけですが、現在尖閣と呼ばれている島が、もしもともと琉球国に入っていたのならば、書き込まれているはずなんです。でも、書き込まれていない。

島の存在は当時知られていなかったのかといえば、そんなことはない、既に林子平の「三国通覧図説」に書き込まれており、島の存在は知っていたけれども、琉球の国絵図の中には入れられていない。なぜなら尖閣諸島は琉球国の領土ではないからです。

島津藩が作った琉球国絵図は、当時の日本政府の立場でもあり、また琉球国の立場でもあった。中国も、琉球も含め、みんなこの島（いわゆる「尖閣」）は琉球のものじゃないと知っていた。したがって１８７９年の琉球処分で琉球国が沖縄県になったときではなく、１８９５年1月の閣議決定によって日本政府としては尖閣を編入したことになるわけです。

鳩山　その時にはまだ尖閣という名前もなかった。

村田　尖閣という名前は、「ピンナックル・アイランド（Pinnacle Islands)」、尖った島、という意味でもともとイギリス海軍が名付けたものの翻訳名です。中国語では「釣魚島」ですが、日本名の「魚釣島」も中国語名から来ている。

三国通覧図説のなかに、琉球に属する3省と36の島を記した「琉球三省並びに三六島の図」があります。「釣魚台」、「黄尾嶼《こうびしょ》」が載っているが、これは今の「魚釣島」「久場島」にあたる。「赤尾嶼《せきびしょ》」とあるのは、明治の頃には「久米赤島」と、今では「大正島」と呼ばれている。地図は色分けされていて、これらの島は中国大陸の島と同じ色になっている。

尖閣諸島は中国のものであったというのが、当時の琉球・中国共通の認識でした。なぜかと言うと、久米島と赤尾嶼（現・大正島）の間には深い、沖縄トラフという場所によっては水深2000メートルもの海溝があって、黒潮が流れている。沖縄の島は珊瑚礁に囲まれているので、サバニという底の浅い船で行き来をする。2000メートルもある深い、しかも強い流れの黒潮のあるところにはサバニで行くことができない。だから沖縄の漁民にとってはこの島は関係なかった。知っているのは冊封使や朝貢船の貿易・外交をする人ぐらいで、一般の人には関係のない島であったと思います。

鳩山　それを「歴史的に固有の領土だ」と言い切ることはできない。日本政府の主張には無理がある。

1885年　無人島調査

鳩山　1885年から95年という尖閣編入の一番重要な時期について聞かせてください。

村田　1879年に琉球処分で沖縄県ができた。当時の琉球は中国と日本を宗主国にする両属関係を持っていた。日本は江戸時代、中国とは長崎を通じての通商関係しかなかった。中国との外交関係は、琉球という独立国を使っていたわけです。琉球の方も日本を利用していた。

それを、明治維新で中央集権国家体制となったのをきっかけに、日本だけに属する単属関係に変えようとした。琉球の旧支配階級の士族たちは、琉球王国を潰したことに反対する。彼らは清国に行って、中国の支援の元で琉球国を復活させようとしていた。

日本は日本で琉球を近代化しようとしていた。当時、東アジアはロシアやイギリス、フランスが次々入ってきていたので、日本も領域を確定せねばならなかった。

沖縄近海の無人島を調査し日本の領土を確定するようにという通知が内務省から出されます。沖縄本島から200キロほど東にある、無人島の大東島はまず1885年8月末に調査され、ただちに国標が建てられた。それとは異なり、沖縄本島から西側にある無人島に関しては、この島を日本のものにするのは問題であると当時の沖縄県令であった西村捨三は考えた。彼は『中山伝信録』などいろんな歴史書を読んでいたので、これは清国のものであると知っていた。それを沖縄県の、日本のものにするというのは問題であるという意識があった。当時の外務卿、井上馨もこの島の問題は手を付けない方がよいと思っていた。

琉球国を復活させようと中国に「亡命」していた「脱清人」が、日本が台湾北東の島に日章旗を立てようとする計画があるので、注意すべきであるという内容の「台島警箴」という記事を上海の新聞『申報』に載せた。この記事を受けて、当時の外務省は外交問題を回避するために、沖縄県西方の島には手を付けない方がよいと判断した。その旨を、1885年10月21日に井上馨が内務卿の山県有朋に回答[2]するわけです。

山県有朋は逆に、沖縄に近いのだから国標を建てても構わないんじゃないかという考え方だった。井上馨の同意が得られなかったので、山県も1885年10月の段階では一度調査を中断するんですよ。だけれども山県は、明確に中止するとは西村に回答しない。

2　「遽に公然国標を建設する等の処置有之候ては、清国の疑惑を招き候間、差向実地を踏査せしめ、港湾の形状并に土地物産開拓見込有無等、詳細報告せしむるのみに止め、国標を建て開拓等に着手するは、他日の機会に譲候方、可然存候。且曩に踏査せし大東島の事并に今回踏査の事共、官報并に新聞紙に掲載不相成候方」

この問題の重要性に気が付いた西村は、10月末に上京します。東京に着くのは11月13日です。西村捨三は、清国と関係しているので慎重に扱ってほしいと訴えるわけです。

西村が東京に向かう途中に、沖縄県の職員が魚釣島の調査を行ないます。朝の8時から午後2時まで、長く見ても6時間ぐらいしかやっていない。久場島は目視で確認したが、風が強くなって上陸はしていない。久米赤島は真っ暗で見えない。それにたいして沖縄本島から東側にある南大東島や北大東島は上陸もするし、それぞれ一日かけて調査をやっている。全然対応が違う。当初、山県から命令があったのは国標を建てることだった。魚釣島では国標の準備すらしていない。明らかに西村捨三の対応には違いがある。しかも西村本人は東京に行って、井上馨と山県有朋に手紙を出し、慎重に対応してくださいと書いている。それを受けて山県は、1885年12月に「目下国標建設を要せざる」、必要としない、やらなくていいという結論を出す。これは太政大臣にも提出しています。つまり、1885年12月に日本政府としてこの島を領有しないと確定しているのです。

山県有朋宛て上申書

村田　もう一つの問題は、西村が東京に行っている間に県令代理になっていた大書記官の森という人物が、1885年11月5日の調査結果を受けて、山県有朋宛てに上申書を出す。それは基本的に山県の当初の考え方を受け継ぐものですが、西村捨三の名前で上申書を出すんです。

鳩山　ひどい話ですね。西村捨三と森は上下関係にあるんでしょう？

村田　西村は東京で、森が書いてきた西村名義の上申書を見て、内務省・外務省に渡さずにそのまま破棄した。

だけれども、副本が沖縄の那覇に残っている。１８９０年の段階でのちの沖縄県知事丸岡が、西村名義の上申書を見て、当時の県令自身も国標を建てたいと言っているのに、政府の方が「目下国標建設を要せざる」というのはおかしいので、これらの島を沖縄の管轄下に置かせてほしいと申請する。内務省の担当者は何の話をしているか分からない。なぜかというと、１８８５年11月５日の文書は内務省に当時存在していなかった。

つじつまが合わないので沖縄県に文書を送るよう命じるのですが、その後丸岡の提出した文書を受け取った内務省は偽物だと判断をした。西村捨三が書いたものではないと彼らも知っていたからです。次に県知事になった奈良原繁も同じように森が書いた西村名義の文書を本物だと思い、これらの島々を沖縄県の管轄下においてほしいと１８９３年に文書を出す。内務省は沖縄県に属することを示す証拠を出すように言うのですが、奈良原は出すことができない。ちゃんと当時の文書に、１８８５年に一度調査をやったきりで、他にやっていないと載っている。

当時内務省は手をつけない。なぜかというと、日本と中国が朝鮮半島をめぐって微妙な関係になっている。ご存知のように１８９４年７月から日清戦争が始まります。11月の段階になると清国の敗北は決定的になって、アメリカを通じて講和条約を結ぼうとする。日本側は講和条約締結に応じない。清国側が出してきたのは賠償金を払うということと、朝鮮半島の独立を認めるという２つの条件だった。日本は台湾や遼東半島などの領土を取ろうとしていたので、わざと講和を引き伸ばして12月の段階で台湾を取るという内部的な方針を出します。その段階で、もはや清国に対して配慮する必要がなくなったと、12月27日に内務省は尖閣領有の閣議決定に持ち込もうとする。１８８５年12月と現在では事情が異なる、それだけが理由なんです。

１８９５年　尖閣領有

村田　領有にあたって、例えば沖縄県に所属する証拠や新たな調査など、新しい根拠は何もない。明らかに日本が戦争に勝利して、清国にたいする心配がなくなったことを根拠にして日本の領土にしようとする。外務大臣も今回は異論は出さず、この島を沖縄県の管轄とする閣議決定を出すわけです。

鳩山　それが１８９５年1月ですよね。国標建設ということですか？

村田　沖縄県の管轄下にあると閣議決定をして、標杭を建てることを認めたのですが、実際に沖縄県が標杭を建てたのは、１９６８年に石油が出る可能性があるという情報が出てからです。慌てて石垣市が標を建てた。

１８９５年1月段階で沖縄県下に置くと決めたのは、魚釣島、久場島という2つの島だけです。本来は３つ目の久米赤島（赤尾嶼）という島があった。その段階で、一番久米島に近い久米赤島には何もしていないことは、沖縄県にとっても大きなミスであるということは気が付くんですね。そのミスを公にしたくないので、沖縄県が１９０６年2月に作成した地図では、魚釣島・久場島は書いてありますが、久米赤島が本来あるはずの場所に線がかかっている（図1）。

１９１９年に、福建省の漁民が遭難する事件があり、この島の存在が明るみに出てしまった。そこで慌てて、沖縄県に所属する島として大正島という名前を使うようになる。アメリカ軍が基地にしていた時は「赤尾嶼」という名称を使っていましたが、「大正島」という名前になったのは、大正時代になってから初めて沖縄県が編入したからなんですね。

　日本がこの島を領有するにあたってはいろいろなミスがある。領土を新たに編入した時は、国内的にも国際的にも公表しなきゃいけない。でもそういうことをやっていない。

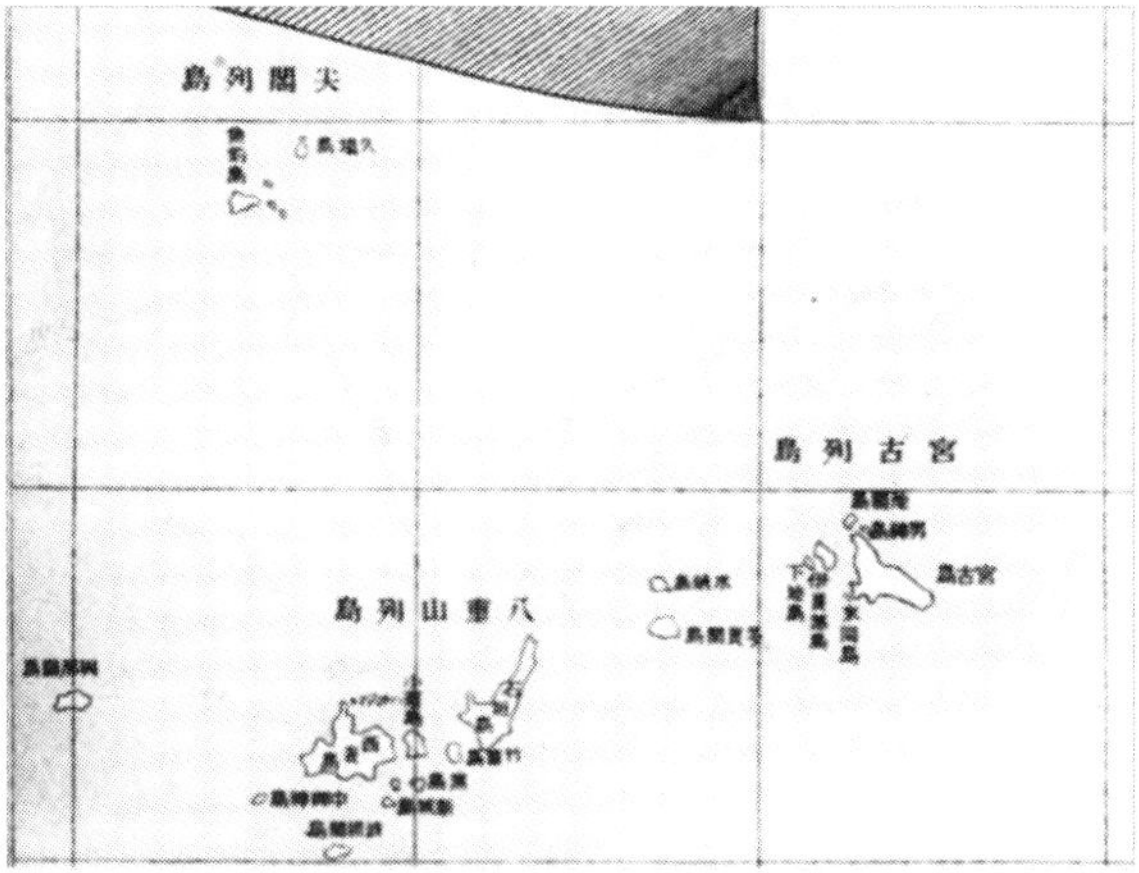

図1　沖縄県庁「沖縄県管内全図」（部分）

鳩山　官報に載せなかったと書いてありますね。

村田　官報に記述を探しても見つからない。講和条約が結ばれていない1895年1月の段階で島の領有が明らかになれば、列強が介入してくる、あるいは清国が反発する恐れがあった。

　日本政府にとって重要なのは、台湾を日本の領有下に置くことだったわけで、こんな小さな無人島はこっそり、沖縄県の管轄下に置くことを認めるだけにすると。

鳩山　それが、カイロ宣言の「満洲、台湾及澎湖島ノ如キ日本国カ清国人ヨリ盗取シタ」に尖閣諸島も当てはまるという主張の根拠になっていますね。

村田　1895年以降の沖縄県地図を見ると、県が作成した大きい地図には魚釣島や久場島は載っている。だけれども民間で作った地図には載っているケースもあるけれど、載っていないケースも随分ある。日本でもこの島を領有したことは知られていない。中国が知らないのは当然なんですよ。

外務省基本見解の矛盾

鳩山 外務省の尖閣諸島についての基本見解には「尖閣諸島は、歴史的にも一貫して日本の領土である南西諸島の一部を構成しています。即ち、尖閣諸島は、1885年から日本政府が沖縄県当局を通ずる等の方法により再三にわたり現地調査を行い、単に尖閣諸島が無人島であるだけでなく、清国の支配が及んでいる痕跡がないことを慎重に確認した上で、1895年1月14日に現地に標杭を建設する旨の閣議決定を行って、正式に日本の領土に編入しました」とありますが、再三にわたって調査をしたということはない。閣議決定を行って正式に我が国の領土にするといっても、官報にも載せないこっそりした形で行っている。これはあやしいと言わざるを得ない。

「尖閣諸島は、歴史的にも一貫して（…）南西諸島の一部」とありますけれど、南西諸島の一部であるんですか？

村田 南西諸島は本来、鹿児島の方から奄美、沖縄を弧のように含むのであって、南西諸島に大東島は含まれない。尖閣諸島も系統が違って、中国大陸の大陸棚の縁にある。火山の形跡があるらしいんですが、火山帯としても台湾の方から続いている。南西諸島の一部には本来入っていなかった。

鳩山 話が逆ですよね。南西諸島だから日本の領土だと言うんじゃなくて、日本の領土だから南西諸島に入らなきゃまずいんだという理屈になっているようです。

村田　たびたび調査をした根拠を示すように内務省が求めていたのにもかかわらず、沖縄県側は根拠を出せない。１８８５年10月の調査以外はやっていないと当時の文書に書いてありますし、『史料徹底検証　尖閣領有』の中に当時の日本政府や沖縄県の文書の根拠を示しています。外務省のホームページには、軍艦「金剛」で加藤大尉が調査したと書いてあるんですが事実に合わないことを書いている。[3]

鳩山　嘘を平気でつくんです。事実を確かめていく方が「国賊」と言われる。

村田　『史料徹底検証　尖閣領有』（１０２〜３ページ）に史料を載せています（図２）。宮古や八重山、石垣島など調査したところは四角く囲まれている。そこに魚釣島は載っていないんです。実際調査をしていないことが分かると思います。

他にも、水路部長の文書のなかに、尖閣諸島の名前は載っていても、それは「英国の水路図などに基づいた」と、自分たちが調査したから載っているんじゃないんだとただし書きがついている。

こういう文献を調べれば、外務省が言っているように「金剛」が調査をしたというのは嘘である。あるいは「水路誌」に載っているというのは、意図的にねじまげた解釈をしている。私は今回事実をあげて論証しているので、嘘だと思うのならば証拠を見てくださいとしか言いようがない。

3　外務省ホームページ・尖閣諸島に関するQ＆A　http://www.mofa.go.jp/mofaj/area/senkaku/qa_1010.html
「１８８７年の軍艦「金剛」の発着記録によれば，同艦は水路部測量班長・加藤海軍大尉を乗船させ，同年六月に那覇から先島群島（尖閣諸島方面）に向かっており，また，『日本水路誌』（１８９４年刊）等には１８８７年及び１８８８年の加藤大尉の実験筆記（実地調査に基づく記録）に基づくものとして魚釣島等の概況が記載されていることが挙げられる。」

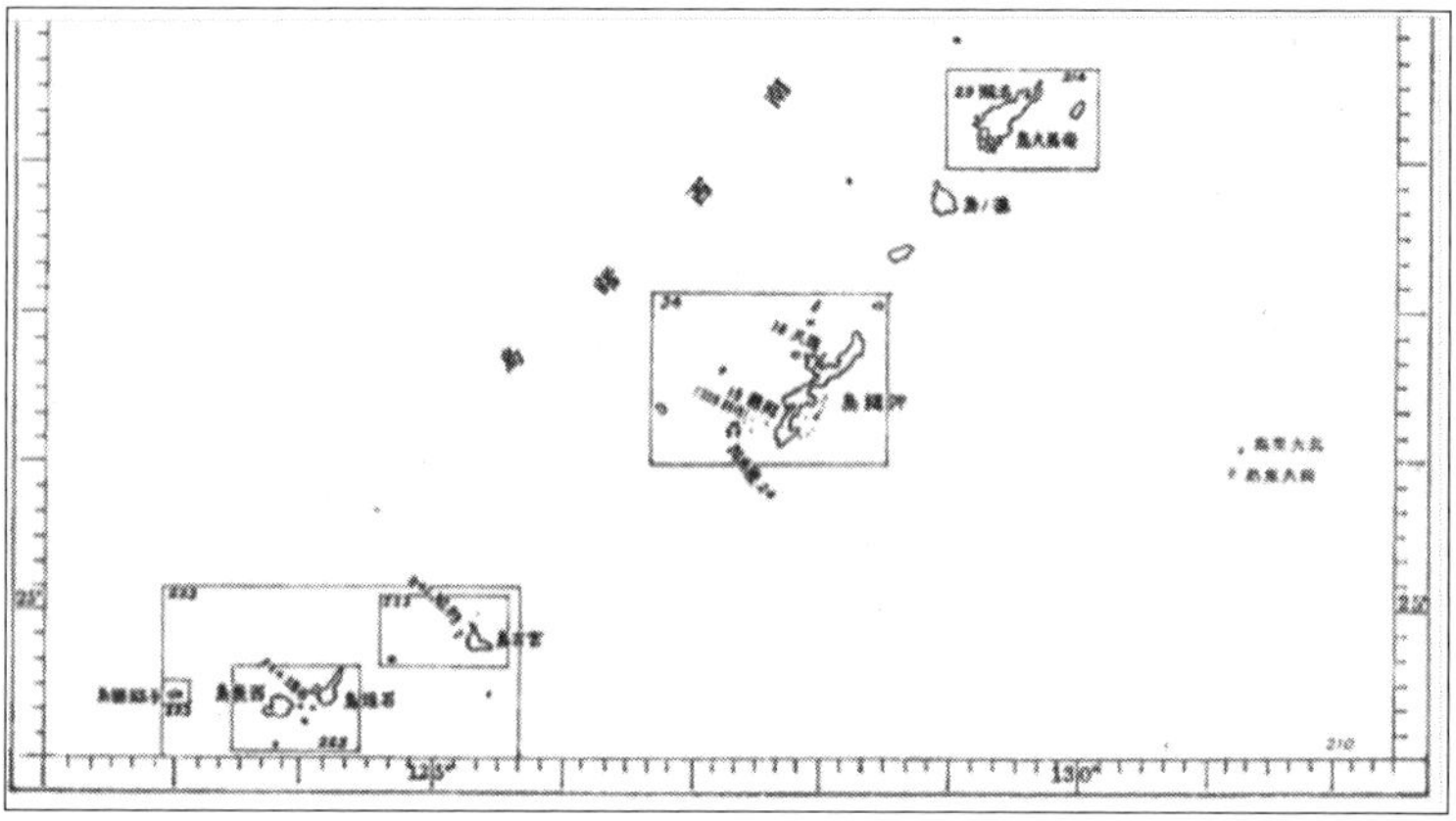

図２　1894年７月　日本水路誌二巻　13コマ

事実の共通認識を

鳩山　村田さんが調査した公文書は、インターネットで簡単に見ることができる。疑っている人もご自身の目で確かめられます。

外務省も日本政府も事実に基づかないで「尖閣諸島は日本の領土である」、「日中間に領土問題、領有権の問題はそもそも存在していません」と主張している。議論されると、このような歴史的な事実が国民の目、あるいは中国の目に触れてしまうからなのでしょうか？

村田　不都合なことは国民に知らせないという姿勢は非常に危険なのであって、不都合か否かは別にして事実は何かを見ていかなくてはならないと思うんですね。自国の利益に合わないから知らないこと、なかったことにしようというのは愚民政策であり、かつて日本が侵略戦争をした時と同じなんですね。だから我々は事実を事実として、素直に認めるという精神が重要なのだと思います。

鳩山　事実を事実として認めながら、その上で日本が尖閣の領有権を主張するのであれば、それなりの理屈を組み立てねばならないでしょうね。

村田　私はこの島を日中が共同管理すればいいと思うんです。１８９５年に日本は、こっそりとはいえ沖縄県の下に尖閣諸島を置いている。当時中国はこれを知らなかったわけですけれども、その後もポツダム宣言を受諾する段階で中国側も要求すべきであったが気が付かなかった。お互いに弱みがあるので、事実をお互いに認めて、むしろ尖閣諸島については争わないで、平和友好・共同発展の象徴として互いに管理していった方がいいと思います。

鳩山　日中友好のために非常に大事な前向きな発想だと思います。ただ、いまその話をすると国内では厳しい批判にさらされるのではないか。

村田　よく中国があの島を占領しようとするとか、軍事的に侵入してくるという話があるけれども、意図的に中国の軍事的拡張の脅威を煽るために言っているのであって、中国はそんなつもりはない。琉球は昔、中国と日本に両属することで独自性を作っていった。尖閣諸島も琉球の発想を見習い、沖縄が平和友好の象徴であるように、共同でこの島を維持する。漁業資源や海底資源も、共同で管理・開発をしていく。そのためには日本と中国がお互いに認め合うような関係を作っていかなくちゃいけない。そう簡単にいかないかもしれませんが――。

鳩山　日中が良好な関係になることを危惧するのはアメリカじゃないでしょうか？

村田　アメリカは沖縄をとても重要視している。ペリーが最初に日本に来た時も、最初に琉球・沖縄に寄りますね。アメリカは一貫して、沖縄・琉球をアジアの一拠点にするために手放したくないのが本心だと思います。だから意図的に領土問題を煽っている。

沖縄の人にぜひ考えていただきたいのは、基地問題を解決するためには、尖閣問題についても冷静かつ客観的なものの見方が必要だということ、それから琉球と中国との間の長い友好の歴史が沖縄の発展も担ったということです。

鳩山　集団的自衛権の行使に向けて国民世論を盛り上げていきたい安倍政権が、尖閣を口実につかっている。尖閣に対して、中国が何をしてくるか分からない、だから日米で軍事同盟を強化していかねばならないと言って、いざという時には日本も戦争に参加する道を切り開く。尖閣がある意味で、戦略的な口実に使われてきた可能性もありますよね。

村田　しかし純軍事的な観点で言えば、本当は価値のない島なんですね。この島に中国の軍隊が来たところで、飛行機ですぐ爆撃できるし、艦砲射撃をやればおしまいでしょう。むしろ日本として沖縄本島と宮古島との間にある公海を封鎖したい。そのために尖閣を利用して、宮古島に自衛隊を派遣している。いざと言う時に中国の軍事行動を抑え込む意図がある。

もし中国が宮古島に攻め入ってきたら、私だって反対しますよ。侵略だから。中国はそんなことを一度も考えたことがない。ただ日本側はそういう意向で尖閣を利用しているということです。

第5章　米中関係の進展に乗り遅れる?安倍政権

村田忠禧　+　鳩山友紀夫（UIチャンネル　2015年10月12日放送）

歴史認識が欠如した「安倍談話」

鳩山　8月14日に、「安倍談話」が出されました。この「安倍談話」もどこまで歴史を踏まえているのか。日本が戦争に敗れた反省の念を、どこまで安倍首相本人として持っているのか。言葉としては「反省」「謝罪」、「植民地」「侵略」とあっても、どうも気持ちが伴っていないと私には思えました。

村田　ひとの心を捉えられない内容です。まず驚いたのは日露戦争を、アジア・アフリカの人々から歓迎されたと言っている。戦争の話をするのであれば、日清戦争について語らねばならない。日清戦争によって台湾が日本の植民地になったことについて何も書いていない。日露戦争は中国の東北部を戦場とし、朝鮮を植民地化する第一歩である、ロシアとの覇権争いであってアジアの解放のための戦争ではない。そういったことを無視した内容になっている。そもそも戦後70周年と言いますが、盧溝橋事件・太平洋戦争についても触れていない。日本は、盧溝橋事件についても「支那事変」と呼んで、宣戦布告なき戦争をやっていた。しかも毒ガスとか細菌兵器とか、あるいは南京大虐殺のような犯罪行為への言及はなしに、ただ戦争が終わったとだけ。ポツダム宣言の「ポ」の字も出ない。

鳩山　奇妙な70周年談話であったと私も思います。根底には安倍首相が、中国や韓国にたいして上から目線で、蔑視しているような気がしてなりません。「嫌中」とか「嫌韓」の感情がふつふつと日本の中に渦を巻いていると私には思われます。

中国脅威論の詭弁

村田　安倍首相が安保法制を通すときに、中国が急速に軍事大国化し、28年前に比べて国防費予算が

41倍になっていると主張した。私がストックホルム国際研究所のデータで確認すると、21倍ぐらい。国会答弁のときに資料を読み違えたのかと思ったが、「41倍」という数字は防衛白書にも記載されている。

よく調べてみると、意図的に41倍になるようなデータを拾っている。ＧＤＰは45倍になっているので、国防費の伸びはＧＤＰよりも少ない。１９６０年代、日本の防衛費はものすごい勢いで増えている。なぜかというと、日本経済全体が増えているわけですから。それほど騒ぐことないということですよ。

１９８８年のデータはストックホルム国際研究所にない。１８８９年からは存在している。意図的に中国の国防費は増えていると言うけれども、決して中国が軍事大国化しているわけではない。

イランの核問題について進展があったときに、中国は裏方で積極的な役割を果たした。中国は世界の平和のために努力をするようになったということで、決して軍事力で問題解決しようとする国ではないことを理解すべきだと思いますね。

鳩山　イランの問題も、中国は裏方で活躍したんですか？

村田　それはアメリカの方も認めています。

鳩山　イランはこれから核兵器をつくることはやめ、原子力の平和利用をしていきたいと明言しました。日本国内で原子力発電所をつくるかは別にして、世界に誇る技術力を持っているのは日本だと思うのですが、中国がイランの原発を実用しかかっている。私はもっと日本がアメリカと組んで、イランの原発に協力姿勢を取ることが正しいと思いました。

さて一方で、アメリカのランド・コーポレーションが出したデータによると（第3章参照）、すでに中国のミサイルの精度は相当上がっていて、例えば尖閣の問題で何か衝突がありうる場合――ないことに越したことはないのですが――軍事力を比較するとアメリカはもう勝てないという試算が出ています。基地をミサイルで撃たれてしまうと飛行機が飛び立つことができない。アメリカは尖閣問題で中国とたたかう可能性は全くないという話を聞きました。

村田　そもそもアメリカは、尖閣に関して中国とたたかうつもりはない。沖縄返還のときに、アメリカは尖閣諸島の施政権を日本に返還した一方で、領有権については保留にした。中国・台湾・日本で意見が異なるので、アメリカは関与せずに、互いに話し合いで解決すべきだというのがアメリカの立場です。

中国は尖閣諸島を中国に領有権があると表明すると同時に、日本も自国の領土と主張していることを認めている。だから話し合いで解決しようとしている。日本側は、中国が主張しているのは言いがかりだと見なして、「領土問題は存在しない」という考え方でしょう。これはおかしい。実際に領土紛争になっているのだから話し合いで解決すべきであって、知恵を出し合って、双方が納得できるような解決方法を見出すことは充分可能です。

中国自身が台湾の問題を解決するのに軍事力をもって行なうということは、そもそもないです。福建省は、台湾の資本が入ってものすごく発展している。昔は軍事対立があったので、ずっとストップさせられていた。福建だけではなく、大陸の人たちも台湾へ行くようになっていますし、あまりにも大勢の中国人が台湾へ買い物に行くので、逆に台湾の人たちが反感を持つこともあります。

沖縄の基地をアメリカがいつまでも保持したがっているのが問題であると思う。中国のミサイル・軍事力から言ったら、いざ戦争しようとしたら真っ先に狙われてしまう。中国にはそんなことやるつもりはないでしょうが――。

鳩山　中国には台湾や尖閣でたたかう意図が全くないにもかかわらず、アメリカの、特に軍需産業中心のパワーと、それにあやかっている日本政府が、どこかに脅威をつくりたいために「中国脅威論」を持ち出しているように私には思えてなりません。

村田　「離島防衛」は、尖閣諸島などに外国の漁民を装った武装集団が上陸した場合に備えてと言われていますが、実際にはミサイル基地がつくられているのは宮古島です。宮古島と沖縄本島との間には公海があって、中国の船が航海しているので、いざというときに封鎖できる体制をつくる狙いがある。それをあからさまに言えないので、尖閣諸島や「中国脅威論」を口実につかっている。

鳩山　ナンセンスな自衛隊増強論も、私は安倍政権における危険な兆候だと思います。

オバマ・習近平会談

鳩山　日中あるいは日米の関係以上に、米中が密接な関わりをもつようになってきている。つい最近もオバマ・習近平会談が行なわれました。

村田　米中が国交を回復したのは１９７９年1月で、日中国交回復よりも遅い。１９８０年代は日本が積極的に中国と関係をもちまして、積極的にＯＤＡ（政府開発援助）でインフラ投資等を行ない、大きな役割を果たしました。中国が経済成長するにしたがって、アメリカも中国との関係を重視するようになりました。特に習近平政権になってから、その姿勢は顕著です。習近平が国家主席になったのは２０１３年３月ですが、６月に習近平はアメリカに寄って、オバマと８時間にわたる会見をしています。

お互いに新しい大国関係をつくっていこう――対抗しない、敵対しない、相互に協力しあうウィン＝ウィンの関係をつくろうと、人間的な信頼関係を含めてオバマと話をしました。翌２０１４年11月ＡＰＥＣの非公式の首脳会議が開かれた際もオバマは北京に来て、長い時間（約10時間）お互いの主張を話し合った。安倍首相もＡＰＥＣの非公式の首脳会議に参加し、習近平と会ったことは会った。しかし非常に短時間（25分）であって、それに比べてオバマと習近平の会談時間はとても長い。

今回が米中首脳会談の３回目でありまして、２０１５年９月22～25日までアメリカを公式訪問し、国連70周年の総会に参加した。24日の夜から25日にかけて、[1]ワシントンでオバマ・習近平の意見交換が行なわれて、非常に大きな成果が出た。

成果の一覧表を中国側が公表していますが、49項目もある。すごく細かい。「新しい大国関係」ということで、お互いが世界の平和のために貢献するということ、アメリカ自身が中国の平和・安定・繁栄のために、それから国際地域安全のために果たすプレイヤーとしての中国の役割を高く評価すると言っている。決して中国脅威論は言っていない。

中国はいまや世界第２のＧＤＰ大国となりましたから、大国としての責任を果たすんだと。文化大革命のころは、国連が自分たちの利益を代表していないから新しい国連をつくる動きさえあったのが、

1　24日夜は非公式夕食会。25日にホワイトハウスで２時間の首脳会談が開かれた。

いまは国連やいろんな国際組織に積極的に関わり、欠点があったとしても積極的に関わる中で改善していくという方針を出している。アメリカの役割も、かなり評価している。ともかく共同でやっていこうと明確に打ち出したのは今回の訪米の大きな成果だと思います。

鳩山　日本のメディアでは、オバマ大統領が習近平主席にクギを刺し、あまり芳しい会談の成果が無かったかのように報道されている。中国が提案した新型の大国関係についても、必ずしもオバマが同意しなかったかのように報じられているが、決して成果がないわけではなく、非常に大きな成果があった。世界の平和や経済的な枠組みにたいしてもメッセージが発せられた。日本では、中国企業がボーイングが３００機を発注したことぐらいがめぼしい話として伝えられたけれど、決してそれだけではない。

ＡＩＩＢに入るべきだ

村田　現在、人民元の国際化問題がある。その点、かなりＩＭＦ（世界通貨基金）内部のＳＤＲ（特別引出権）で引き出して、人民元を国際通貨として認める方針をアメリカは支持する方向です。

ＡＩＩＢ（アジアインフラ投資銀行）に日本とアメリカとカナダは入っていませんが、私の推測では、アメリカは最後まで拒否するわけではないという印象です。今回オバマの発言を見ても、ちゃんと透明性のあるルールをつくっていけばアメリカはＡＩＩＢを歓迎すると言っている。

鳩山　「アメリカや先進国がほとんどＡＩＩＢに参加しないから日本も参加するな」とアメリカから言われてＡＩＩＢに参加しなかったのに、このザマは何だ、50数カ国が参加することを決めたじゃないかと安倍首相は憤っていたようですね。すなわち自分の意思ではなくて、アメリカの意向を踏まえてＡＩＩＢに入らなかったにもかかわらず、アメリカの方がＡＩＩＢに入る可能性が高いということですか？

村田　そうですね。いま、アメリカと中国の経済的な関係は非常に重要なので、むしろ積極的に関係改善をして、かなり進展すると思います。

人民元の国際化、あるいはアメリカにおける中国人の経済活動はかなり認められるようになってきました。議会の承認が必要なので、まだＡＩＩＢに加盟するかどうかは明言していませんが、これだけ経済的に大きな力をもつようになった中国を無視することはできない。利害関係が対立することはあるが、お互いに協力し合っていく点では、アメリカも中国も同じような考え方になっている。

鳩山　そうなると、日本はアメリカが入るなら私たちも入る、という考え方になっていくんでしょうかね？　日本の場合はアジア開発銀行があるので、ＡＩＩＢは中国が勝手にやってください、のような雰囲気であったように思うのですが――。

村田　世界銀行なども、ＡＩＩＢと協力し合っていくと表明している。ひとつには、日本だってアジア開発銀行とＡＩＩＢが協力し合う体制を持つことが大切である。それだけじゃなくて、日本がＡＩＩＢに入っていく方がよいと私は思う。お互いに関係し合う、協力し合う関係をつくればいい。中国もアジア開発銀行に加入しているので、相互に乗り入れればいい。

鳩山　私も全く同感です。日本は率先してＡＩＩＢに入るべきだ、アジアインフラ投資銀行に日中が協力する証を示すことが、どんなにかＡＳＥＡＮのこれからインフラを整備したいと思っている国に安心を与えるか、計り知れないと思っています。しかし、中国が主導しているから俺たちは入らないと、子ども染みた判断を日本はしました。しかも自分で判断できないからアメリカの判断にしたがった。あまりにも自立性・自主性がなさすぎる、日本外交の典型例だと思いました。

高速鉄道／新幹線

鳩山　中国はどんどん高速鉄道を世界に向けて売り込んでいます。

村田　インドネシアの鉄道敷設をめぐって日本と中国で競っていたのが、最終的に中国が鉄道を敷くことになりました。アメリカのロサンゼルス・ラスベガス間、３７０キロの高速鉄道もアメリカと中国の鉄道会社が合弁で敷いていくことになった。インドもその動きに乗るかもしれない。中国の方がコストが安い。

私は日本と中国が協力して世界に高速鉄道を売り込んでいけばいいと思います。日本には日本の優れた技術・ノウハウが蓄積されていますから、中国のコスト面での強さと協力すれば、ますます商機が拡がると思う。そうしないと結果的に、日本自身の商機を失ってしまう。

鳩山　かつて私はＪＲにたいして、もっと中国に協力すればよいと言ったことがあるのですが、特にＪＲ東海は端《はな》から中国とは協力しないという態度でした。

米中関係がどんどん進展する中で、日本だけが取り残されてしまわないためにも、いかに経済的協力で日本・中国・アメリカがウィン＝ウィン＝ウィンの関係を築けるかは、重要な課題だと強く指摘したい。

村田　日本の鉄道は狭軌（JR在来線のレール幅：1067mm）なんですね。それにたいして「新幹線」（レール幅：1435mm）と言うんですが、中国の場合はそもそも鉄道が国際標準軌（1435mm）なので、同じレールに走らせるのが新幹線にあたる「高速鉄道」です。
1978年に鄧小平が来日し、新幹線に乗って感銘を受け「中国にも導入したい」と言っています。80年代に中国でも日本の新幹線方式を導入する動きがあったのですが、当時「歴史教育問題」や「靖国問題」が起こってしまった。鉄道部は日本の新幹線を導入しようとしたけれど、「日本の電車なんか絶対引かせない」、「俺がレールの上に乗って阻止する」という市民の抵抗もあり、国民感情的に受け入れられなかった。歴史認識が非常に重要なのであって、一般の国民は反省していても、政府、特に首脳が明確な謝罪を示さない限り、中国国民は納得しない。中国政府が新幹線を導入しようとしても、国民の支持を得られないと提起できない。

鳩山　天皇陛下は反省や謝罪をされている。政権によっては謝罪をしたときもあるけれども、戦後一番日本で長く続いてきた自民党政権は反省と謝罪は十分でない。一番十分でないのが、現在の安倍政権ではないか。そういったことが経済的にも大変大きなデメリットを日本に生んでいることを、私たちは早く気付かねばいけない。

大規模な人的交流——100万人の中国語学習者

鳩山　オバマ・習近平会談では、経済だけじゃなく人的交流の話も進んだようですね。

村田　今後3年間に5万人の留学生を相互派遣する。中国からもアメリカからも5万人ですね。それから２０２０年までに、大学・中学校・高校などで中国語学習者を１００万人にすると。
鳩山　１００万人はすごいですね。
村田　フランスとドイツもいまは関係がいいですが、初めからよかったわけじゃない。１９６３年にエリゼ条約を結んで、両首脳が関係改善のために青少年の交流を大規模に毎年行なうことを提唱した。現在、両国はＥＵの中核になっている。相互理解を深めるための人材育成の必要性をアメリカも中国も理解している。
鳩山　当然中国で英語を学ぶ人たちはもっと多いでしょうが、相互に言葉が通じるような状況になっていく。１００万人というのは、日本の年間出生数（２０１５年推計１００万８千人）に匹敵する数ですが、その数がすべて中国語を学ぶとすれば、米中関係は将来的にも協力関係が高まっていきますね。
村田　中国は、中国語教育を行なう「孔子学院」を全世界に展開していますが、それを否定的にとらえる風潮があった。アメリカでは特に、中国の宣伝のための道具だと言われていた。いまでは政府が、米中が交流を積極的にするための人材が必要だと数値目標を掲げて努力をしている。これは非常に重要なことだと思います。

尖閣問題解決が東アジアの平和につながる

鳩山　気候変動でも前向きな対応がなされたんですよね。
村田　２０１５年末にフランスで開かれるＣＯＰ21（国連気候変動枠組み条約第21回締約国会議）で

は、アメリカと中国が気候変動についての積極的な対応を示すと今回表明した。他にも、来年２０１６年の環太平洋合同演習（リムパック）に中国が参加すると、今回の会談の中で表明している。気候変動だけではなく、軍事的な面でも相互協力が進展してきた。

鳩山　双方で航空機が交差するときの安全装置について取り決めたり、重大な軍事行動の相互通告制度や、海空遭遇時の安全行動規範に付属文書を追加したりした。

村田　日本も、防空識別圏が重なっているので同じことをしなきゃいけないんですよ。もともと日本が設定していたところ、一昨年中国が防空識別圏を設定したので当然範囲が重なります。衝突が発生しないためのルールをつくらねばならない。

鳩山　「防空識別圏」という言葉に慣れていない方は多いと思う。「防空識別圏」と「領空」とは必ずしも一致していないんですよね？

村田　「防空識別圏」は勝手にその国が設定してよい。日本は、中国が日本の同意なしに防空識別圏を設定したかのように言うけれども、そもそも日本がずっと先に設定していた。例えばレーダーが発達していないところで防空識別圏を設定しても、何も役に立たないですからね。中国人が国防能力を強めた反映でもあるわけです。

鳩山　南沙諸島について、何か議論はあったのでしょうか？

村田　今回のオバマ・習近平会談の中でも南沙諸島について触れている。中国側は南沙諸島問題について国際法を順守し、東南アジアの国々との間の行動規範を守っていくと表明しました。今までだったら、「我が国の固有の領土だ」と突っぱねるだけだったのが、習近平は平和的な解決のために努力する姿勢を示しています。

鳩山　それは重要なことですね。南沙諸島は、ベトナム・フィリピン・中国の間で紛争が起きかねない地域であるので、そこに米国が入ってきて、さらに日本が協力することになれば、大変にややこしい構図になってしまう。習近平が行動規範の重要性を明言したのは、この南沙諸島問題も決して武力的な解決を望まないで、対話によって解決しようとする姿勢の表れであるように、私は感じます。

村田　尖閣・釣魚島の問題について平和的解決をすることは、中国を含むいろんな国の間で領海をめぐる争いがある南沙諸島なども、平和的に解決する第一歩になる可能性がある。日本が平和的な役割を果たす必要がある。

鳩山　そうですよね。日本政府は、領土問題は存在していないかのように駄々をこねている。存在していると認めてしまうと、必ずしも有利でない発想があるのかもしれませんが、ここは領土問題の存在を認めて、１９７２年、７８年の解決の仕方を見習いながら十分に考えられる方向を目指していただきたい。

対米関係で孤立する安倍首相

鳩山　このように、非常に密な議論が米中首脳で行なわれて、49項目にわたる合意事項がなされた。米中＝オバマ・習近平は密接になっていく一方で、安倍首相が２０１５年9月に国連総会に出席するため訪米した際は、首脳会談はなされなかった。会談があれば、安倍さんとすれば、安保法案も成立させた、ＴＰＰも進展させたという成果を強調しただろうと思うのですが、なぜ会談はなされなかったのですか？

村田　安倍さんが会えたのはバイデン副大統領であってオバマ大統領ではない。私は、安保法制の強行採択は民主主義のルールに反すると、アメリカがきちんと見ていると思う。

安保法制自体はアメリカにとっては歓迎すべきですが、やり方があまりにも独裁的で憲法無視であるし、国会・民意を無視している。それをアメリカが誉めるわけにはいかなかったと私は見ているのですが、いかがでしょう？

鳩山　その可能性は十分ありますね。

２０１４年４月にオバマが来日した際も、安倍首相との間で寿司屋談義もあったそうですが、そのときも決してよい雰囲気ではなかったと耳にした。オバマ・安倍はお互いに愛想もないので、ケミストリーとしてあの２人は絶対合わないなと思う。なぜ会談が開催されなかったのか、日本のメディアはきちんと検証すべきですね。

ＴＰＰの行方

鳩山　日本がどんどん条件を譲歩して、ＴＰＰも大筋合意にたどりついた。しかし一方で、これはアメリカでも議会を通さなきゃ発効しない。オバマ大統領はＴＰＰに賛成したけれど、次の民主党の大統領候補は、押し並べてＴＰＰには反対している。実際にアメリカでもＴＰＰはうまく落着するんですかね？

村田　日本と同様に、アメリカにも反対勢力が随分ある。オバマも、「中国のような国に世界経済のルールを書かせることはできない。我々がルールを書き、米国製品の新たな市場を開くべきだ」（朝日新聞・２０１５年10月６日）と、あたかも中国に対抗するためにＴＰＰがあるかのように言っている。アメリカ国内に反対勢力があるからこそ、強硬姿勢を押し出している。

一方でヒラリー・クリントンは、現時点ではＴＰＰに賛成できないと表明している。[2] アメリカ国内に相当ある意見を無視することはできないので、お互い値引いて考えないといけないんじゃないか。ＴＰＰの大筋合意をしても、議会を通すのが大変だと思います。

鳩山　やっぱりね。日本も議会を通さなきゃいけない。アメリカの場合は共和党がＴＰＰに賛成し、民主党が反対を貫いている。日本に条件を譲歩してもらったので、アメリカも議会を通しやすくなっているかもしれないけれど、それでもヒラリーをはじめとして民主党の中で大物は押し並べて反対しているので、議会を通すのは楽ではない。議会を通してはじめてＴＰＰが発効するのであって、ＴＰＰをめぐる議論が終わったわけではないと私は理解しなきゃいけないと思います。

表向き、米中がサイバーセキュリティや南沙問題でぶつかったように言われていますが、現実には安全保障の議論でもかなりの成果があり、一方で経済的には密にやっていこうとなっている。そのように米中関係が進展している一方で、日本では中国脅威論が出てきて、習近平・安倍首脳会談が短い時間でしかできていない。すべての紛争はやはり首脳同士の「ぶっちゃけた」対談、会話が続けられ

2　「私は最初から、米国民の雇用創出、賃金上昇、国家安全保障の強化につながる貿易協定を結ぶ必要があると語ってきた。他にも多くの疑問が解消されていないと思うが、私にとってはこの3点に尽きる」としてＴＰＰ不支持を表明（ロイター・２０１５年10月８日配信）。

る中で解決されるべきだと思っています。例えば歴史認識問題などはまだ溝が開いたままで、そんな簡単に解決できるものではないでしょうが――。

日中協力体制

鳩山　近い将来、日中はどのような状況になっていくでしょうか？　私は東アジア共同体を構想して進めていくべきだと思うのですが、東アジア全体の中で日中関係はどのように展開されていくべきでしょうか？

村田　中国は日中関係を重要視している。確かに中国はＧＤＰ世界第２位になって日本を追い抜いたけれども、いろんなレベルでまだ日本に追い付いていない。隣国である日本との協力を、昔から日本を中国は大事にしていた。今でもそれは変わりありません。だから、中国はいたずらに日本を刺激しない。中国国内にはそれに不満をもつ勢力も一部いるが、政府としては日中関係を大事にする姿勢は変わらない。

２０１５年９月３日の抗日戦争勝利記念軍事パレードについても、安倍首相が参加することをずっと願っていた。参加すれば、むしろ日本のイメージに非常にプラスになったと思う。だけど行かない。「安倍談話」も、もっと誠実に過去の反省のこもった姿勢を表明していれば、日本は過去について謝罪をしていると中国国民に伝わったはずなのですが、そのような内容ではなかった。政府だけの意見で物事は進められないわけで、国民の納得を伴いながらでなければ政治は行なえない――これは日本も同じですが。その点で、日本側はもっと過去について真面目に向き合わねばならないと思います。

安倍首相については、首相がころころ変わるのは願っていないので、安定した政権になってほしい気持ちの一方で、ただし国民の利益を反映したものでなければいけない。しかも、日本の国民だけでなく、世界の人びとから理解される首相でなければいけない。その点、ドイツのメルケル首相は、ナチスの犯罪について明確に謝罪している。だからこそドイツはヨーロッパで非常に大事な役割を果たせている。

首相間にもお互い打ち解けた関係が必要で、オバマと習近平みたいに一昼夜かけてお互いの哲学を語り合うような首脳交流がなされればよいのですが、いまの安倍首相には習近平とそんなことをやる気持ちもさらさらないと思います。表面的には日中関係は進むと思う。けれど、本当の意味での積極的な交流は、現政権下では、少なくとも安倍首相の対応が変わらないうちは難しい。

鳩山　安倍首相の対応が変わらない最大の原因は、安倍首相の思想的なバックグラウンドで、それをバックアップする勢力もある。中国や韓国にたいして上から目線で、「俺たちの方が優越した民族である」というような、偏狭なナショナリズムを主張している人びとがいる。安倍さんもその中に自分がいることが気持ちいいという状況ですから、例えば日中でもっと貿易・経済的交易をしていきたい人たちがいたとしても、なかなかそういう人たちの気持ちが分からない。あるいは中国側にも日本側にも教育で人的交流をしたい人はいるわけですが、なかなかメディアを含めて応援をしてもらえない。おっしゃる通り、日中関係はいまの安倍政権の下ではなかなか進展していかないように私にも思われます。そういう状況がこれからも長く続くことは、日本、あるいは東アジア全体にとって望ましいことではないので、安倍首相自身の気持ちが変われば、そこで可能性が出てくると思います。それが難

ＧＤＰのシェア（ＩＭＦデータによる）

	80年	90年	95年	00年	05年	10年	11年	12年	13年	14年
米国	25.7	26.3	25.0	31.0	27.8	22.9	21.5	22.0	22.2	22.5
中国	2.8	1.8	2.5	3.6	4.9	9.1	10.1	11.4	12.5	13.4
日本	9.8	13.6	17.4	14.3	9.7	8.4	8.2	8.1	6.5	6.0
ドイツ	7.6	7.6	8.4	5.9	6.1	5.2	5.2	4.8	4.9	5.0
Ｇ７	61.1	64.9	65.9	65.6	59.9	50.1	48.1	47.5	46.2	46.1
アジア（日本含まぬ）	6.8	4.9	5.9	6.9	8.6	14.7	15.8	17.1	18.3	19.3

しいとすれば、政権を新たにすることでしか、日中間、あるいは東アジア全体を平和の砦にしていくことは難しいのではないか。

ＧＤＰを脅威に感じず

村田　中国が日本のＧＤＰで超えたことでどんどん追い越されていくイメージを持つ人は多いと思いますが、よく考えれば人口は1億と13億で、日本は中国の10分の1以下。中国が世界で1位にならなければおかしいぐらいなのです。アメリカと比べても人口は4倍なのに、ＧＤＰはアメリカの40％弱にしかなっていない。中国はまだまだ発展途上の国なんです。だから活力がある。

鳩山　伸びシロがありますよね。

村田　育ち盛りなので、やんちゃなところも発生する。日本はそういう時期は超えてしまった。だからといって希望がないわけではなくて、日本には日本の優れた点があるわけで、お互いに手を取り協力し合う精神が正しい。日本に何ができるのか、中国に欠けているものは何なのか、もっと積極的に考えるべきだと思います。

鳩山　先生が作成したＧＤＰのシェアを見ても、中国は世界におけるＧＤＰのシェアが１９８０年に２・８％だったのが、いまは13・４％になっている（２０１４年）。アメリカがその分減っているし、日本はアメリカが減っている以上に減っている。日本は一時、14・3％（2000年）と、いまの中国と同じくらいのGDP比率を持っていた時期がありました。それからあっという間に転げ落ちて、2009年に中国と日本が肩を並べて、[3]いまは日本は中国の2分の1以下になっている。

GDPは人口で割っているわけではありませんから、平均的な一人ひとりの生活を考えれば、まだ日本としても中国より圧倒的に余裕がある。だからこそ中国がこれからも成長していくときに、日本がいかに協力をしていくかが大事になっていく。アメリカをモデルにして日中関係をより展開できるような、お互いにウィン＝ウィンの関係をつくっていけるような状況を、私どもは政権がどうであっても民間レベルで協同していかねばと思った次第です。

3　2009年、中国GDPがドイツを追い抜いて世界3位になった。2010年に日本を追い抜いて世界第2位となり逆転した。

「友愛ブックレット」発刊にあたって

東アジア共同体研究所理事長　**鳩山友紀夫**

歴史は、人類発展のキーワードは「戦争」ではなく「協調」であることを私たちに示している。その最大の教訓に忠実であるのかどうか疑問を持たざるを得ない日本の現状を、首相経験者として深く憂慮している。

私は二六年間の議員生活を引退したことを契機に、二〇一三年三月に東アジア共同体研究所（ＥＡＣＩ）を設立し、首相在任中に提唱しながら果たすことが出来なかった「東アジア共同体」の実現と、それを通じての「友愛の精神」に基づく世界平和の達成に残りの人生を捧げることを決意した。

私は「友愛」こそ、これからの世界をリードする理念と信じている。「友愛」とは自分自身の尊厳と自由を尊重すると同時に、相手の尊厳と自由をも尊重する考え方であり、それは人と人の間だけでなく、国と国、地域と地域、さらに人と自然との間でも成り立つ考え方である。

この考えは、クーデンホフ・カレルギー伯が「友愛の理念」の下で汎ヨーロッパを唱え、その後ＥＵとして結実したことを範としている。カレルギーの時代は、ヒトラーのドイツとスターリンのソ連という二つの全体主義がヨーロッパを席巻していた。彼は、人間の価値を重んじる「友愛の理念」をもって、全体主義に立ち向かった。

私は今日こそ「東アジア共同体」の構築が時代の要請であると信じている。私たちが汎アジアを唱え、「東アジア共同体」の形成を可能にするとき、同様にアジアは「不戦共同体」となるであろう。そのことが世界平和への大きな貢献となることは間違いない。

研究所の設立以降、週に一度のペースで各界の有識者をお招きし、収録した対話をインターネットで放映している（ＵＩチャンネル）。示唆に富む様々な議論をそのままにしておくのは勿体ないという思いから、テーマ毎にブックレットという形でまとめることにした。放送時の内容をベースにしているが、登場された方々の協力を得て適宜編集を加えている。インターネット放送と書籍と両方でお楽しみ頂ければ幸いである。

また、東アジア共同体研究所が主催したシンポジウムや講演会などの記録も随時ブックレットにまとめたいと思っている。

もちろんこうした各人の意見は、当研究所の見解をそのまま代弁するものではない。自由な討議の場はそのまま、東アジアの活力と創造性の源泉となる多様性ということの反映にもなろう。「友愛ブックレット」が、自由な論議と「友愛の精神」を日本とアジア、世界の人々に発信していく場となり、ひいては「東アジア共同体」への大きな推進力となることを願っている。

二〇一四年九月

東アジア共同体研究所

設立趣意

鳩山政権は、「東アジア共同体の創造」を新たなアジアの経済秩序と協調の枠組み作りに資する構想として、国家目標の柱の一つに掲げました。東アジア共同体構想の思想的源流をたどれば、「友愛」思想に行き着きます。「友愛」とは自分の自由と自分の人格の尊厳を尊重すると同時に、他人の自由と他人の人格の尊厳をも尊重する考え方のことで、「自立と共生」の思想と言ってもいいでしょう。そして今こそ国と国との関係においても友愛精神を基調とするべきです。なぜなら、「対立」ではなく「協調」こそが社会発展の原動力と考えるからです。欧州においては、悲惨な二度の大戦を経て、それまで憎みあっていた独仏両国は、石炭や鉄鋼の共同管理をはじめとした協力を積み重ね、さらに国民相互間の交流を深めた結果、事実上の不戦共同体が成立したのです。独仏を中心にした動きは紆余曲折を経ながらその後も続き、今日のＥＵへと連なりました。この欧州での和解と協力の経験こそが、私の構想の原型になっています。

すなわち、私の東アジア共同体構想は、「開かれた地域協力」の原則に基づきながら、関係国が様々な分野で協力を進めることにより、この地域に機能的な共同体の網を幾重にも張りめぐらせよう、という考え方です。

東アジア共同体への夢を将来につなぎ、少しでも世界と日本の在り様をあるべき姿に近づけるための行動と発信を内外で続けていくことを、今後の自身の活動の中心に据えるために、東アジア共同体研究所を設立致し、世界友愛フォーラムを運営していきます。

平成二五年三月一五日

理事長：鳩山友紀夫

“Every great historical happening began as a utopia and ended as a reality.”

(すべての偉大な歴史的出来事は、ユートピアとして始まり、現実として終わった。)

汎ヨーロッパを唱えたクーデンホフ・カレルギーの言葉です。

今、東アジアに友愛に基づいて協力の舞台を創ることを夢とも思わない人びとがこの国に増えています。

だからこそ、その必要性を説き、行動で示していかなければなりません。

ユートピアの実現という確信の下に。

東アジア共同体研究所とは

友愛の理念に基づく世界平和の実現を究極の目的とする。その目的を達成する手段として、東アジア共同体を構想し、その促進のために必要な外交、安全保障、経済、文化、学術、環境など、あらゆる分野における諸国・諸地域間の協働の方策の研究と環境条件の整備を行う。

一般財団法人東アジア共同体研究所
〒100-0014　東京都千代田区永田町２－９－６
◆ホームページ　　http://www.eaci.or.jp
◆公式ニコニコチャンネル（友紀夫・享・大二郎・孟のＵＩチャンネル）
http://ch.nicovideo.jp/eaci

著者略歴

鳩山友紀夫（由紀夫）（はとやま・ゆきお）
1947年東京生まれ。東京大学工学部計数工学科卒業、スタンフォード大学工学部博士課程修了。東京工業大学経営工学科助手、専修大学経営学部助教授。1986年、総選挙で、旧北海道4区（現9区）から出馬、初当選。1993年、自民党を離党、新党さきがけ結党に参加。細川内閣で官房副長官。1996年、鳩山邦夫氏らとともに民主党を結党し、菅直人氏とともに代表就任。1998年、旧民主党、民政党、新党友愛、民主改革連合の4党により（新）民主党を立ち上げ、幹事長代理。1999年、民主党代表。2005年、民主党幹事長。2009年、民主党代表。第45回衆議院議員選挙後、民主党政権初の第93代内閣総理大臣に就任。2013年3月、一般財団法人東アジア共同体研究所を設立、理事長に就任。
著書 『「対米従属」という宿痾』（飛鳥新社）、『新憲法試案――尊厳ある日本を創る』（PHP研究所）、『沖縄自立と東アジア共同体』（花伝社）等多数

徐 静波（じょ・せいは）
政治・経済ジャーナリスト。㈱アジア通信社社長、『中国経済新聞』編集長。中国浙江省生まれ。1992年に来日し、東海大学大学院に留学。2000年にアジア通信社を設立し、翌年『中国経済新聞』を創刊。2009年、中国語ニュースサイト『日本新聞網』を創刊。日本記者クラブ会員。1997年から連続20年間、中国共産党全国大会、全国人民代表大会を取材（2016年現在）。その間、胡錦濤、温家宝、習近平、中曽根康弘、村山富市、鳩山由紀夫、安倍晋三など、日中の政府首脳を多数取材してきた。経団連、日本商工会議所、日本新聞協会などで講演を行い、また早稲田大学の特別非常勤講師も務めた。
著書 『2023年の中国――習近平政権後、中国と世界はどうなっているか？』（作品社）、『株式会社中華人民共和国』（PHP研究所）等多数

岡田 充（おかだ・たかし）
1972年慶応大学法学部卒業後、共同通信社に入社。香港、モスクワ、台北各支局長、編集委員、論説委員を経て2008年から共同通信客員論説委員、桜美林大非常勤講師。拓殖大客員教授、法政大兼任講師を歴任。
著書 『尖閣諸島問題――領土ナショナリズムの魔力』（蒼蒼社）、『中国と台湾――対立と共存の両岸関係』（講談社現代新書）等多数

村田忠禧（むらた・ただよし）
1946年神奈川県生まれ。東京大学文学部中国文学科卒、同大学院博士課程中国哲学専攻単位取得満期退学。東京大学教養学部助手、横浜国立大学助教授、教授を経て、現在は横浜国立大学名誉教授、神奈川県日中友好協会副会長。専門は中国現代史、現代中国論、日中関係論。
著書 『日中領土問題の起源』『史料徹底検証　尖閣領有』（花伝社）、『現代中国治国論――蒋介石から胡錦濤まで』（許介鱗との共編、勉誠出版）、『尖閣列島・釣魚島問題をどう見るか――試される二十一世紀に生きるわれわれの英知』（日本僑報社）、『チャイナ・クライシス「動乱」日誌』（蒼蒼社）、訳書『周仏海日記（1937～1945）』、『毛沢東伝（1893～1949）』（みすず書房）、『日本軍の化学戦――中国戦場における毒ガス作戦』（大月書店）、『「毛沢東の私生活」の真相――元秘書、医師、看護婦の証言』（蒼蒼社）等多数

高野 孟（たかの・はじめ）
1944年東京生まれ。1968年早稲田大学文学部西洋哲学科卒業後、通信社、広告会社に勤務。
1975年からフリージャーナリストになると同時に情報誌『インサイダー』の創刊に参加、1980年に㈱インサイダーを設立し、代表兼編集長に。1994年に㈱ウェブキャスターを設立、日本初のインターネットによるオンライン週刊誌『東京万華鏡』を創刊。2008年9月にブログサイト『THE JOURNAL』を創設。現在は「まぐまぐ！」から『高野孟のTHE JOURNAL』を発信中。（http://www.mag2.com/m/0001353170.html）2002年に早稲田大学客員教授に就任、「大隈塾」を担当。2007年にサイバー大学客員教授も兼任。2013年3月、一般財団法人東アジア共同体研究所、理事・主席研究員に就任。
著書 『アウト・オブ・コントロール――福島原発事故のあまりに苛酷な現実』（花伝社）、『原発ゼロ社会への道筋』（書肆パンセ）、『沖縄に海兵隊はいらない』（モナド新書）等多数

習近平体制の真相に迫る

（友愛ブックレット）

2016年7月25日　　初版第1刷発行

編者 ——— 東アジア共同体研究所

著者 ——— 鳩山友紀夫、徐静波、岡田充、村田忠禧、高野孟

発行者 —— 平田　勝

発行 ——— 花伝社

発売 ——— 共栄書房

〒101-0065　東京都千代田区西神田2-5-11出版輸送ビル2F

電話　　03-3263-3813

FAX　　03-3239-8272

E-mail　　kadensha@muf.biglobe.ne.jp

URL　　http://kadensha.net

振替 ——— 00140-6-59661

装幀 ——— 黒瀬章夫（ナカグログラフ）

" President of China, Xi Jinping arrives in London, 19 October 2015. " by Foreign and Commonwealth Office
(https://flickr.com/photos/10246637@N04/21706073543)
under a Creative Commons Attribution 2.0.Generic
Full terms at https://creativecommons.org/licenses/by/2.0/
"Flag map of China & Taiwan" by DrRandomFactor
under a Creative Commons Attribution-ShareAlike 3.0 Unported
Full terms at https://creativecommons.org/licenses/by-sa/3.0/

印刷・製本 — 中央精版印刷株式会社

ISBN 978-4-7634-0780-1 C0036